《中国秀·中国传统文化系列读本》

塔湖·書
TOWER LAKE BOOK

中国秀 101

金萍主编

中国传统文化系列读本

藏书楼

李秀敏 赵峰 著

山西出版传媒集团 山西教育出版社

目 录

关于藏书楼（代序）

说起藏书楼，大家可能都有点陌生，但其实联想下现在的图书馆就很好理解了。古代没有图书馆，只有藏书楼。古代官学有官方的藏书机构，皇家有皇家的藏书之所，文人学士、热爱书籍的个人通过自己的收集整理也形成了私人藏书楼。这些藏书楼不仅保存了大量的古代典籍，也是古人勤学读书、著书立说之所，是藏书之人的重要精神寄托。走近藏书楼，不仅是了解历史，更是感受古人的精神世界。

远古时代结绳记事，人类开始有了记录内容的需要。商周时期众多含有卜辞的甲骨留存下来，证明商周时期已经开始了初步的藏书活动。史籍中记载的汉代天禄阁、石渠阁、麒麟阁、兰台、石室等藏书之所见证着两汉时期藏书事业的缓慢发展。历经魏晋南北朝、隋唐的发展，随着宋代雕版印刷普及后，藏书进入了兴旺阶段。和官方藏书相比，私家藏书在此时得到长足的发展。元、明、清时期达到鼎盛，出现了众多的藏书家，皇家、官学、私人藏书楼不可胜计。历民国继而进入现代社会，图书馆的出现让藏书楼渐渐淡出人们的视野，仅留下部分作为文物被保护起来，供人们怀想和凭吊。

中国文化源远流长，众多古籍能流传至今，历代官方、私人藏书家都功不可没。了解藏书楼和藏书发展史对于我们亲近古籍、了解那些经典的前世今生不无裨益。藏书楼的兴衰反映的是这个时代对文化和知识的重视程度。藏书楼在演进过程中经历了怎样的兴盛和毁坏，背后有多少藏书家的人生悲欢，这个过程中的各种大小事件、藏书细节都值得后人一次又一次仔细玩味。让我们一起走进藏书楼吧！

第一章，发微

我国古代的藏书可分为四支：官府藏书稽古崇文，用以修齐治平；私家藏书聚书集珍，希冀流芳传世；书院藏书授业解惑，功在传道育人；宗教藏书卷帙浩繁，寻觅法海真源。四大体系相互依存，保存了大量珍贵的典籍，承载着悠久的文化艺术。从简陋的甲骨到装帧精美、图文并茂的线装书，书籍本身亦在不断演进。

一、载体：从甲骨走向纸张

文字发明之后，就面临着这样的问题：要将文字刻在哪里，才能更好地保存和流传呢？在载体材料的选择上，我国古代的先民进行了广泛的尝试——陶器、兽骨、青铜、玉石、竹木，但凡能书写、刻写、铸写和流传，都曾被尝试过做文字的载体。

然而并非有了文字便有了书籍，也并非所有文字的载体都可称之为书籍。书籍的产生，始于人们开始有意识地用文字记录经验、阐述思想。因此，虽然陶器可以刻画文字并流传，但是论及书籍的载体，最早的还是商周时期的甲骨。

甲骨是商周时期重要的书写材料，甲是龟甲，骨是兽骨，契刻在这些龟甲和兽骨上的文字，就是甲骨文。其中龟甲又称卜甲，较多使用龟的腹甲；兽骨又称卜骨，较多使用牛的肩胛骨，也有羊、猪、虎等动物的骨。殷商时期统治者敬畏神灵，对于天象、祭祀、田猎、农事、年成、战争、疾病等事都要进行占卜，以祈

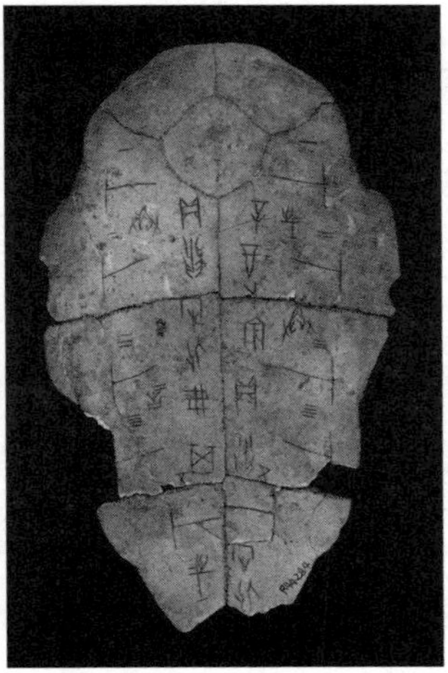

商代晚期带卜辞的龟腹甲（台湾“中央研究院”历史语言研究所藏），占卜的是商王的臣属要不要去征讨敌国

求先祖保佑。因此，大部分甲骨文记录的是当时的卜辞，同时也会记录社会政治、经济、军事等相关的情况，例如战争的结果、田猎的收获、封赏、祭祀情况等。这些内容大部分刻于甲骨，也有些刻在玉版之上，但是数量很少。

青铜器和玉石也是重要的图书载体，铸造在青铜器上的文字称为“青铜器铭文”或“铭文”，亦称“金文”。青铜器是用青铜铸造的器皿，其形制复杂，用途多样，有食器、酒器、水器、礼乐器等。当青铜器作为祭祀所用的礼器时便是权威的象征，因此，如果有些重要的事件或内容需要记载，就会铸造一件青铜器，并将内容铸刻其上，便于永久保存，也有纪念的意义。青铜器记载的文字涵盖祭祀典礼、征伐纪功、赏赐锡命、书约文件、训诰、颂扬祖先的内容等。文字还可刻在玉石上，例如，山西出土的侯马盟书便是以朱笔或墨笔将文字写在玉片或石片上。到两汉时期，将儒家经典刻在石头上的风气极盛行，所刻经文称为“石经”，其内容和书法都非常宝贵。

大盂鼎（中国国家博物馆藏）

大盂鼎铭文，共 291 字，记载了周康王在宗周对盂册封训诰之事

王国维先生在其《简牍检署考》中说："书契之用，自刻画始。金石也，甲骨也，竹木也，三者不知孰为后先，而以竹木之用为最广。"在纸普及之前，我国使用时间最长、应用最广、影响最大的书写材料就是竹木简牍了。一根竹片称之为"简"，把单根的简编起来即为"策"(册)，合称"简策"。没有写字的木片称为"版"，写字后称为"牍"，所以写了字的木板为"版牍"，简策和版牍又合称为"简牍"。

竹简作为书写材料有很多优点，一方面是取材容易，满山皆是竹木，整治刮削后即可书写，非常方便；另一方面，简可以连缀成册，能容纳较长篇幅的内容，更为实用。因此在很长一段时间内，竹简作为公文、书信、历书、律令、诏书、牒书等文书内容的载体被普遍使用，即使后来出现了绢帛和纸，竹简也与之并行了数百年。

当然，竹简也有其缺点，即连简成册之后，较为笨重，携带不是非常方便，于是出现了另一种轻便易携带的载体——绢帛。绢帛质地轻软，书写、舒卷、阅读、携带皆十分方便，而且可以根据需要随意裁剪，整块的绢帛上还可以绘图。然而绢帛制作成本较高，除了贵族外，一般人未必能用得起，因此帛书并未普遍使用。虽说如此，它却促成了造纸术的诞生。

竹木简牍取材方便、容易大量生产，但是不便携带；帛书舒卷携带方便，却造价昂贵。那么能否有一种载体，既造价低廉，又易于携带呢？于是，纸诞生了。

关于造纸术的发明，史书上有明确记载的是《后汉书·蔡伦传》中的一段话：

> 自古书契，多编以竹简，其用缣帛者，谓之为纸。缣贵而简重，并不便于人。伦乃造意，用树肤、麻头及敝布、鱼网以为纸。元兴元年奏上之，帝善其能，自是莫不从用焉，故天下咸称"蔡侯纸"。

上面这段记载便是蔡伦造纸说法的来源。也有一种说法认为纸在西汉时期就已经发明了，蔡伦只是造纸术的改良者，其依据是关于西汉时期用纸的记载。

《三辅故事》中说，汉武帝时期，卫太子长着一个大鼻子，有一次汉武帝生病了，太子要进去探望，便有人跟他说："皇上不喜欢大鼻子，你应当用纸遮蔽住鼻子再进去。"这是关于纸的最早记载。再如《风俗通义》记载说，东汉建武元年的冬天，光武帝徙都洛阳，其车驾中"载素、简、纸经"的有两千辆，其中素应是洁白的绢帛，简指的是竹木简牍，而纸则是用来书写的纸张了。

事实上，根据考古发现，我国西北地区已出土过西汉时期的纸，用以书写和绘画等，这从根本上否定了蔡伦造纸之说。与笨重的简牍和昂贵的绢帛相比，纸张造价低廉，而且光滑易书写、轻便易携带，自然成为书写文字的最佳载体。经蔡伦的改良及推广，纸张被广泛利用，在其后的千百年里，纸一直是最主要的书写载体，直至今日。

纸张的普及使得各地纷纷造纸，因其原料和产地的不同而产生了种类繁多的纸。例如，用麻、废布造的纸叫麻纸，也叫布纸；用楮皮造的纸叫楮纸；用桑树皮造的纸叫桑皮纸；用藤皮所造的叫作藤纸；用栈香树皮制成的是香皮纸；用稻麦草制成的纸叫草纸；晋代时用竹子造的纸叫作竹纸，到宋代时，江浙一带所产竹纸已名冠天下。

在历史上，人们为了让纸更精细易用，更美观，更易于保存而做了诸多尝试，也传下诸多关于纸的佳话。汉末的左伯擅长书法和造纸，他做的纸光滑、适于书写，被人赞为“研妙辉光”，得名“左伯纸”。用于书法和绘画的宣纸因其易于保存、经久不脆、不会褪色等特点，有“纸寿千年”之誉。唐代的女诗人薛涛擅写短诗，因为纸张经常有空白处，便把纸裁成窄幅，并用花汁浸染，上面还有精巧鲜丽的花纹，作为诗笺，得名“薛涛笺”，又名“浣花笺”“松花笺”“减样笺”“红笺”，有“红笺小字”之说。宋代的谢师厚将纸加工为深红、粉红、杏红、明黄、深青、浅青、深绿、浅绿、铜绿、浅云十种颜色，得名“谢公十色笺”。

二、装帧：从简册走向线装

书籍既要实用，又要美观，须讲究其装帧设计。我国很早就有固定的书籍装帧制度，主要有简牍制度、卷轴制度和册页制度。册页制度又可细分出经折装、旋风装、龙鳞装、蝴蝶装、包背装和线装等多种名目。

汉代造纸术发明前以竹木简为主要的书写材料，通行的是简牍制度。古人通常用上下两道编的方式将多个竹木简编为一册，如果竹木简较长，也会采用三道、四道甚至五道编。

至于每册编多少简，则要视内容的长度而定，如果内容较短，只需足够书写内容的简即可。但是如果内容很长，简的数量太多的话会造成抄写、阅读和携带不方便的情况，因此要分成若干篇，由多篇来合成一部书，例如《论语》有二十篇、《孟子》有七篇。“篇”的概念与现在书籍的“册”或“卷”的概念相似。

一般会把空白的简编连成册，然后在上面书写文字，这样就有了天然的界栏，使得内容整齐清晰。后世的帛书、纸卷及雕版印刷皆有界栏，就是受此启发。但是简之间是用各种丝绳编连起来的，经常翻阅会让丝绳磨断，从而导致简脱落，致使文章内容残缺，因此，竹木简的书籍经常有“脱简”或“错简”出现。

帛书和纸卷书出现后，主要采用卷轴制度。帛书的长短不一，在抄写书籍时，会根据内容长短剪裁或缝接，宽度一般是一尺，但也非定制。由于绢帛质地柔韧，能够随意地舒卷折叠，所以早期的帛书既可以折叠收藏，也可以卷成一束。

居延汉简，20 世纪 30 年代初发现于内蒙古居延等地，内容多为修筑边塞、兵制、屯田等。

卷束帛书时会将一个轴粘连在卷子的末端，以此为中心，从左向右卷。轴的材料最初为竹木片，后来通用漆木，富贵人家还会用象牙、琉璃、珊瑚、玳瑁、黄金等制作。这根轴的长度应比卷子的宽度稍长，卷起来之后两端在外面，可以在上面挂些标签，方便标记书籍。

与简牍相似，帛书的文字也是从上到下写的，有时会参考简编，用朱笔或墨笔画上界栏，使得文字书写整齐。为了使用方便，更加美观，有些也会先用赤丝或黑丝在绢帛上织出界栏，称为“朱丝栏”“乌丝栏”。

纸卷书的形制与帛书相似，后世的书法及绘画作品、一些手抄本书籍多用卷轴形式。官府所藏此类书籍的装帧十分华丽，例如唐代秘府藏书中，书轴一般用檀木，即《历代名画记》中所言的，书轴以“白檀身为上，香洁去虫。小轴白玉为上，水精为次，琥珀为下。大轴杉木漆头，轻圆最妙”。为了方便藏书的管理，还可以用书轴、牙签、带的颜色区分各种类别的书籍。例如唐代的官藏区别如下：经库书，钿白牙轴，黄带，红牙签；史库书，钿青牙轴，缥带，绿牙签；子库书，雕紫檀轴，紫带，碧牙签；集库书，绿牙轴，朱带，白牙签。这便是装帧在藏书管理中的妙用。

当卷轴过长时，翻阅时要边舒边卷，颇为麻烦，若要专门看其中的某一章节，则更为不便。于是便有了新的方式，将卷子一正一反地折成折子，两边再用较硬的纸加以保护，使用时就方便得多。因这种装帧形似梵文佛经，因此又称“经折装”或“梵夹装”。但是这种书在阅读时一不小心就会散成长长的一张纸，于是有人把一张纸对折作为书皮，然后把经折装书的首页和末页粘贴在书皮上，称为“旋风装”。关于旋风装，还有一种说法是备一张长纸，然后将已经抄写好的单页纸张依次以龙鳞的形式贴在上面，便于翻阅，因此又称“龙鳞装”。上述两种装帧出现于唐代后期，一直沿用至北宋。

归义军时期梵夹装《思益梵天所问经》写本（中国国家图书馆藏）

册页制度大约出现于五代时，主要是通过装订的方式把零散的纸页汇集为书，有蝴蝶装、包背装、线装等形式。

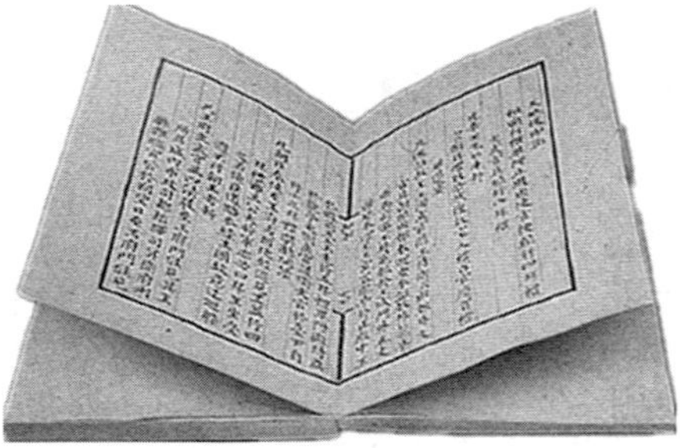

蝴蝶装书影

蝴蝶装始于唐末，盛行于北宋。其装订方法是依照中缝，把书页印有文字的两个半页对折，背面空白处在外，再以中缝为准，将全书各页对齐，用糨糊黏附在另一张纸上。这种书打开时书页左右对称，犹如蝴蝶展翅，故称“蝴蝶装”。

包背装出现是因蝴蝶装而来。蝴蝶装在阅读时，经常会碰到空白的背面，较为不便。将书页按照中缝折叠，空白处在内，有文字的露在外面，再用一张纸把散书页黏附在一张纸上即为包背装。与蝴蝶装将中缝粘贴在里面不同的是，包背装粘贴的则是两个空白的余边，打开时就可以看到连续不断的文字了。

线装起源于唐末，盛行于明代中叶，是在包背装的基础上改进而来的。因粘贴的纸容易脱落，因此线装书将书页对折后，在空白的余边上打几个孔，用两张半页大小的纸做书衣，再用线穿订打好的孔即可。由于线装书的书衣较软，为了保护书籍，藏书家还会为其制作书套，称为“函”。

图书的装订日趋牢固实用，在内容版式上也越来越规范丰富。书中有序跋、卷端、字体、牌记、刻工、避讳等，其中的刻书机构、作者职官、衔名、尊号、称谓、郡望、藏书印记及题跋、批语等也是版本鉴定的重要依据。

三、书写：从手抄走向印刷

在印刷术发明之前，文字都是手写上去的，一般用毛笔蘸上墨汁来书写。以前所谓的“削刀”或“书刀”，并非专门用于写字，而是在文字有错误的时候，用来删改文字的。

因为手写费时费力，所以在印刷术出现之前，一般书籍的副本量是很少的，篇幅越长的书籍，副本越少。抄写时难以避免错字，因此，同一本书的不同副本常会有错字、漏字出现，需要仔细对照校勘。在唐宋以前，书籍的副本量本来就少，加上战乱、禁书等因素，许多珍贵的书籍已失传。

自印刷术出现后，一本书能够同时印刷出许多副本，既可代抄写之劳，又可避免抄写之误，便于流传。自隋唐以来，主要出现了三种印刷术——雕版印刷、活字印刷和套版印刷。

雕版印刷也叫整版印刷或木板印刷，其发明时间虽还存在争议，但多数学者认为是在唐代。在唐代，文学艺术蓬勃发展；佛教自汉时引入中国，至唐代已颇为兴盛，人们对佛经的需求极高；官府文书也需要大批量地发到全国各地，如果以手抄来完成，势必难以满足需求，这样的社会条件促成了印刷术的诞生。

目前发现的最早的雕版印刷品——《金刚经》（唐代，现存于英国伦敦大英图书馆）

雕版印刷一般用梨木或者枣木作为材料，将写好内容的纸样贴在木板面上，再由刻工将内容反向刻在木板上，是为印刷的底板。印刷时，只需将水墨涂于底板，即可将内容印在纸上。据记载，唐代时四川、江西、淮南至江浙一带的刻书者较多，主要是寺院刻书和民间坊刻，其内容主要是佛经和历书，同时还有字书小学、阴阳杂书等。

在雕版印刷时代，若要印刷一本书，需要将所有的内容雕刻在多张木板上才能印制，比较费时间和木材，也影响效率。如果此书没有再版的需求，这些木板就要作废。那么是否有一种办法可以让雕刻出的模板被多次利用，既提高效率，也能减少浪费呢？答案就是活字印刷。

活字印刷是预先制作许多单个的活字，需要印刷某本书籍时，挑选出需要的字，排成一版便可印刷，印完后再拆散，单字还可重复利用。其流程大概是制字、置范、排版、固版、印刷、拆版，具体的印刷方式记载在沈括的《梦溪笔谈》之中：

> 庆历中，有布衣毕昇又为活板。其法，用胶泥刻字，薄如钱唇。每字为一印，火烧令坚。先设一铁板，其上以松脂、蜡和纸灰之类冒之。欲印，则以一铁范置铁板上，乃密布字印。满铁范为一板，持就火炀之，药稍熔，则以一平板按其面，则字平如砥。若止印三二本，未为简易；若印数十百千本，则极为神速。常作二铁板，一板印刷，一板已自布字。此印者才毕，则第二板已具。更互用之，瞬息可就。

对于经常出现的字，如“之”“也”等，就多制造二三十个泥字备用。

制作活字的材料很多，有木活字、泥活字、金属活字。金属活字又包括铜活字、锡活字和铅活字，其中铜活字使用最早，使用次数也最多。不过，活字印刷并未取代雕版印刷，原因较多，例如汉字数量庞大，制作字库不易；流传较多的佛经和儒家典籍较为固定，与之相关的雕版印刷一劳永逸，可满足基本需求；活字印刷工序复杂，等等。

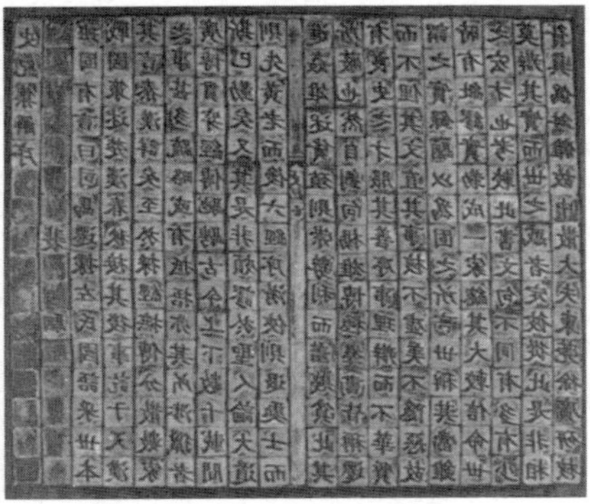

北宋时期的泥活字版（复原）

套版印刷术是基于雕版印刷发展起来的。普通的雕版印刷一次只能印出一种颜色的文字，而套版印刷则可以在一张纸上印出不同的颜色。其基本方法是，将需要印上不同颜色的部分，分别雕刻成同样规格的版，不同的版用不同的颜色，再逐次印在同一张纸上。最初只有朱墨二色，后来则发展到四色、五色、六色的套印。套版印刷起源于元代，在明代逐渐发展，至清代兴盛。现存的明代最早的套印书是明神宗万历年间在安徽歙县刻印的《闺范》。

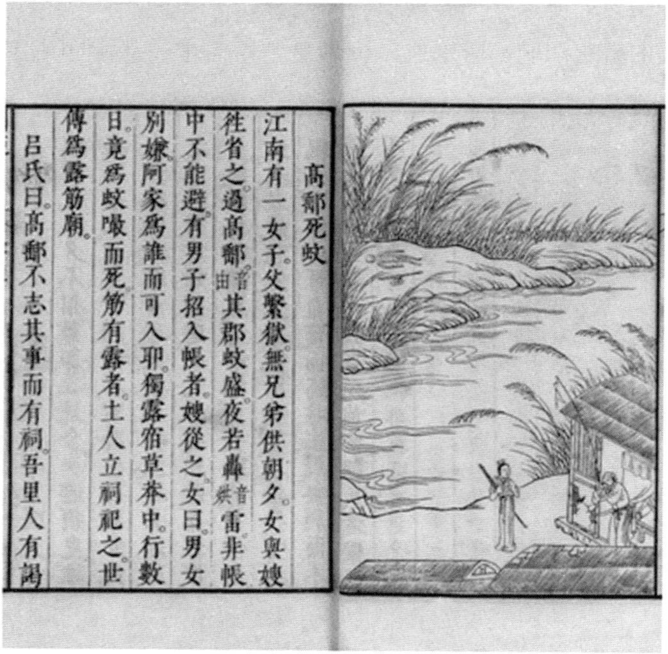
高郵死蚊
江南有一女子父繫獄無兄弟供朝夕女與嫂往省之過高郵（音由）其郡蚊盛夜若轟（音烘）雷非帳中不能避有男子招入帳者嫂從之女曰男女別嫌阿家爲誰而可入耶獨露宿草莽中行數日竟爲蚊嘬而死筋有露者土人立祠祀之世傳爲露筋廟
吕氏曰高郵不志其事而有祠吾里人有謁

《闺范》四卷

明代的世俗人情小说独具特色，版画艺术也在徽州、金陵、建安等地蓬勃兴起，许多小说和戏曲在出版时都附有木刻的插图。同时，也出现了一批主要内容为图画的版画集、绘画范本，例如《顾氏画谱》《程氏墨苑》等。将绘画、雕版和印刷术融合，便形成了彩色版画套印术，又称木刻水印或饾版。将色彩依次套印或叠印后，便可以印制出颜色浓淡深浅适宜、色彩繁复华美的作品。这种印刷方式较为复杂，对于一些色彩繁杂的作品，需要制作几十块甚至数百块的印版，但由此印出的作品也极为精致。

在印制花鸟鱼虫时，还有一种方法称作拱花。这是一种不着墨的刻版印刷方法，与现代印刷术中的凹凸印刷或钢印相似，用凸凹两版嵌合，使版面拱起花纹，呈现出浮雕的图像，用这种方法印制的图画极富立体感。

知识链接：

《程氏墨苑》

《程氏墨苑》是明代的一部雕刻图谱集，由制墨大师程大约辑刻，由著名画家丁云鹏绘图，徽州黄氏木刻名工黄鏻、黄应泰、黄应道镌刻，收集程大约所造名墨图案五百二十式，分玄工、舆图、人官、物华、儒藏、缁黄六类。程大约，字幼博，是安徽的制墨名家。他爱好蓄墨，又精于墨法，经营墨坊“还朴斋”，他所制作的墨曾贡入宫中。《程氏墨苑》中收录其墨样，有方形、圆形、圭形等各种形状的墨，题材包括山川景物、草木禽兽、佛道祥瑞等。书中丁云鹏的画稿精美绝伦，而黄氏三匠的刻工线条细柔，极为精妙，艺术水平很高，是明代四大墨谱中最精者。

四、溯源：从萌芽走向兴盛

我国的藏书文化源远流长，最早可追溯至夏商。这一时期，图书被收藏在宗庙，由史官保管，是较早的中央官府藏书。商代时有龟室，周代增加了太史府、盟府等藏书处，各诸侯国也开始藏书，可视为当时地方级别的官府藏书。春秋战国时期百家争鸣，诸子皆有其书，形成最早的私人藏书。这一时期书籍的载体多为竹简和帛书。

秦始皇统一六国后焚书坑儒，先秦时期的诸多典籍被毁，只有与生计相关的图书得以保存。西汉朝廷继承了秦朝所藏的图书，同时鼓励民间献书，广开献书之路，派遣官员从四方征书，并确立了献书的奖励政策，官府藏书恢复较快，该举动亦引领私人藏书风气。这时朝廷官吏、学者、富户平民皆可藏书，涌现出一批优秀的藏书家。

秦坑儒谷，位于陕西西安临潼区洪堡村，据考证这里是秦始皇焚书坑儒中坑儒的所在地

汉朝时，佛教传入中国，并在洛水之滨建立了我国第一座佛教寺院——白马寺。僧人在寺中译经、刻经、抄经，佛教典籍得以传播，佛教藏书萌芽发展。佛教兴盛后，一些神仙家依附老子，对道家的思想作了更准确的表述，道教产生了。方士著书立说，为道经的繁荣和道教藏书的发展奠定了基础。

河南洛阳白马寺，建于东汉永平十一年（68）

东汉末年，战乱再起，频繁的战争与动荡的政局总会影响到藏书体系。作为藏书主流的官府藏书不仅数易其主，且在战火中首当其冲，常被焚毁；民间藏书因离乱而散落或被焚毁，社会不安定，人们亦无心藏书；宗教藏书当然也难逃厄运。

到了魏晋南北朝时期，统治者大都重视对图书的搜集与典藏，对战乱中散失的藏书予以整理，多次征访图书，藏书量不断扩大，藏书管理制度也日趋完备。同时，私人藏书也蓬勃发展，有些藏书家所藏图书有数万卷之多。因梁武帝等当权者笃信佛教，使得佛教典籍被人们争相收藏，除了寺院外，官府也有收藏。这个时期，汉代时使用范围狭窄的纸张得到推广，被大量使用，图书数量也急剧增加，相应的，藏书文化自然更盛。

至隋唐时，社会安定，经济繁荣，皇帝加强文治，提倡礼乐教化，亦重视官府和民间藏书。隋初典籍流散严重，隋文帝因此制定奖赏并行的图书收集政策，向四方征集遗书，并组织大规模的抄书，官府藏书不断充盈。隋唐之交，战乱使得藏书受损，唐朝政府购募遗书，使得官府藏书逐渐恢复，后虽有安史之乱、迁都等事，不少图书损毁，但整体呈蓬勃发展趋势。

唐朝的文学繁荣瑰丽，流传千古的诗词与传奇成为源头活水，为生产书籍提供素材，雕版印刷术也在此时问世。科举制的创立将读书与仕途结合，引领了社会的读书风尚，从而使百姓更乐于读书、藏书。私人藏书家及其藏书的数量不断攀升，尤其是长安、洛阳集中了大批的藏书家，开始有了专门为收藏典籍而建立的私家藏书楼和藏书室，如白居易的池北书库。唐代百姓普遍信奉佛教，僧人从印度等地求取佛经后翻译，皇帝还命人在长安的大兴善寺和洛阳的上林苑专门译经，佛教藏书愈发繁荣。不过武宗灭佛后，佛教藏书受损不少。

唐代诞生了我国最早的书院——唐玄宗设在东都洛阳的丽正书院，其主要职责是修书与藏书，书院藏书就此出现。

唐末连年战乱，使得长安与洛阳的官府藏书受到严重破坏，大量流入民间，于是出现了不少藏书家，其中江浙等地的私藏相当丰富。

到了宋代，雕版印刷术盛行，文学、医学、天文学等方面又皆有新书涌现，藏书内容愈发丰富。中国古代的四大藏书体系官府藏书、私家藏书、宗教藏书与书院藏书皆逐步发展成熟。宋朝历代皇帝提倡文治，注重收集整理各种书画，同时举办赐书画、观书画等活动，营造出浓厚的文化氛围；官府亦有奖赏政策，鼓励民间献书，是以官府藏书逐步完备。官方的重视带动社会各个阶层藏书的热潮，上至皇亲国戚，下至平民百姓，皆以藏书为乐，文人士大夫尤甚，私人藏书楼遍布各地。

佛、道两教在宋代继续发展，宗教藏书的成绩斐然。佛教的藏书主要源于皇帝赐书和信徒赠书，以及佛院译经、抄经、刻经等，宋代的大多数皇帝对佛教皆采取宽容的政策，设有译经处，并大规模刊刻印刷了数部卷帙浩繁的佛典。全国寺院数量达数万座，大多数寺院中专门设有藏经之处，用以收藏佛典，其规模不可小觑。道教在宋代达到鼎盛，统治者出于政治原因而青睐道教，数次搜集、整理、刊刻道家典籍，全国各处道观林立，藏书亦十分丰富。

自唐代出现书院后，宋代书院藏书逐渐发展成体系，形成藏书的整理与保存制度。全国各地皆兴建书院，因其为国家教书育人，皇帝亦十分重视，时而有藏书赐予，使得书院皆富有藏书。

宋元鼎革之际，战火难免危及藏书，幸而元代宣扬文治，藏书事业得以恢复元气。

至明代，社会安定，科学技术与经济蓬勃发展，统治者重视教育，沿袭唐宋的科举制度，社会上普遍形成读书风气。继辉煌的两晋文学、唐诗、宋词、元杂剧后，明朝的小说和戏曲等通俗文学蓬勃发展，出现了诸多脍炙人口的经典著作，在史学、农学、医学、天文、科技等诸多领域，亦有佳作问世。造纸业与印刷业的繁荣为明代刻书创造了有利条件。明代造纸工艺极为成熟，纸张品种繁多、制作精良，许多纸张有精美图饰，上至帝王贵族，下至平民百姓，皆有其适用的纸张。在此社会背景下，书籍的流通与传播更为便捷，四大体系的藏书皆蓬勃发展，规模皆过于前代。

官府藏书琳琅满目，私家藏书亦群星璀璨，其藏书规模及质量甚至超过了官府藏书。尤其是隆庆之后，官府藏书式微，私家藏书更受重视，人们热衷于买书藏书，有诸多藏书宏富的藏书家崛起。江南作为文化中心，其藏书楼更是在全国独占鳌头。藏书的兴盛亦带动经济文化的发展，与科举制结合后，便有极明显的反映：私家藏书兴盛的江浙、福建等地，是明清产生状元最多的地方。

在读书治学十分重要的观念下，书院日趋兴盛，大多数书院都建立了藏书楼。与官府藏书的秘而不宣相比，书院藏书供学子使用，利用程度较高。佛、道两教经过数百年的发展，亦渐趋繁荣。明朝数任皇帝宠信道士，好修仙长生之术。道士因皇帝青睐而加官晋爵，而一些官员也因擅写青词而官运亨通，道教藏书在元代式微之后逐渐复苏。

及至清代，统治者及百姓继续重视书籍的收藏整理，使得藏书的规模、质量达到巅峰。然而清朝统治者为“异族”，明末的文人，尤其是南方群儒号召反清复明，对清政府的统治造成威胁，因此清代统治者为了整肃思想、巩固政权多次发起文字狱和禁书活动，对藏书事业有着消极的影响。当然，康、雍、乾三帝仍重视官府藏书，库中书籍充盈，既有专门的官员管理藏书，也有专人负责图书的上架整理、检阅、开阁闭阁。

文字狱横行之下，学子转而埋头书屋，以藏书、校勘为事，明代私家藏书辉煌灿烂，清代私家藏书基于此而攀至顶峰。书院与宗教的兴衰向来与统治者的政策相联系，清初因怕汉族文人聚众反抗而打压书院，至政局稳定时书院恢复发展，藏书充盈。佛、道两教在清代受朝廷支持，藏书活动兴盛，相比较而言，佛教依旧胜于道教。

河东书院藏书楼，位于山西运城，建于明正德九年（1514）

纵观历代藏书，四大藏书体系相互补充、相互依存，其繁荣与否和社会经济文化环境、科学技术、朝廷的政策息息相关。在经济发达、社会稳定的环境下，刻书事业也较为发达，可供人们购书；经济衰落、战乱频繁时，人们非但无钱购书，也没有财力来较好地保存书籍，甚至有人将典籍出卖以维持生计，数代藏书由此衰颓。千年文明中，技术的推动作用自不必说，造纸术、雕版印刷术的普及令书籍生产流通便捷，才能有官府藏书的充盈和私家藏书的丰富，使藏书文化世代流传。

知识链接：

武宗灭佛

武宗灭佛又称会昌毁佛、会昌法难等，是唐武宗李炎在位时发起的废佛运动。唐代时百姓信奉佛教较多，寺院经济扩张，损害国库收入，而唐武宗崇信道教，出于经济、政治等多种原因而下令清查天下寺院及僧侣。其后推行一系列政策，拆除各地寺院、毁坏佛像、没收寺院财产、令僧众还俗并焚毁佛经。武宗灭佛给佛教以沉重打击，与之前的北魏太武帝灭佛、北周武帝灭佛和后来的后周世宗灭佛并称为“三武一宗灭佛”。

青　词

青词又名绿章，是道教在举行斋醮时献给上天的奏章祝文，一般采用骈俪体，选用红色颜料写在青藤纸上。明代嘉靖皇帝笃信道教，爱好青词，擅写青词的人更容易被重用。根据《明史·宰辅年表》记载，自嘉靖十七年（1538）以来，内阁的十四位辅臣中，有九人是因青词而被赏识，包括严嵩父子、徐阶等人。

第二章，趣谈

藏书是雅事，是乐事，亦是趣事。书籍的来源多种多样，藏书家购书、换书时常有趣闻流传；藏书楼名千姿百态，细品起来意趣盎然；藏书家形形色色，或世代藏书，或独树一帜，贡献卓然，亦有女子藏书家涌现，叫人钦佩；而禁书之事及种种书厄，常令数十载甚至百年藏书毁于一旦，或让某类书籍全被禁毁，无副本流传，让人扼腕感叹。

一、书楼取名

藏书楼建成之后，题名是第一要事，藏书家往往行吟俯思、苦心寻索，以求最佳楼名。

中国古代的藏书楼，常用楼、阁、室、馆、堂、轩、斋、居、亭、庵、院等字为缀，由此可稍窥主人心志。以斋命名，则主人可读书养心，思过斋戒，一心读书，再无他求；以庵为名，则远离尘俗，以藏书为乐，而不恋尘世繁华，不求功名利禄；以馆为名，则客舍藏书，做人生暂住之所，书籍兴许能出示他人；以亭为名，则美景奇书相映，尽享人生乐趣；以室、居为名，则图书已成生活之必需，起居之间，书香弥漫。

藏书楼的楼名则引经据史，典出有处。或表露心志、寄托愿望，或流连景物、意趣盎然，或体现藏书规模、彰显特色，或仰慕前贤、为纪念而名，或反映藏书家的治学态度和藏书观念，内涵丰富，韵味无穷。结合楼名与藏书者的故事，亦能发人深省。

古人常以书的卷数命名书楼，以示某人藏书之富有。历史上多有藏书家以“万卷”命名书楼，如丰坊、黄叔琳、项笃寿等数十人都曾以万卷楼命名，另外杭州丁氏有八千卷楼，还有三万卷楼、五万卷楼，陆心源则有十万卷楼，更甚者梁之相二十万卷楼、莫伯骥五十万卷楼。除起名“万卷”以示万卷书满堂外，亦有其他方式彰显其藏书之富有，如宋代李茂德将其藏书楼命名为书城。相传周穆王曾经藏异书于大酉、小酉二山，《太平御览》中也记载说“小酉山上石穴中有书千卷，相传秦人于此而学，因留之”，是以后人多用“二酉”表示藏书丰富。明代的胡应麟取二酉山房、清代的严蔚取二酉斋、清代的周永泰取二酉洞，皆是彰显其藏书之丰盈。

藏书楼名也是主人心志的表露。知不足斋取“学而知不足”之意，明志堂取“非淡泊无以明志”之意，述古堂出自“述而不作，信而好古，窃比我于老彭”，徐渭的心远堂取“心远地自偏”之意，王世贞的尔雅楼则取“文章尔雅，训辞深厚”之意，坦庵、容庵、饮冰室皆反映作者为人品质与处世态度，潜研堂则“潜精研思，欲就其业”，彰显主人追求。

楼名也可寄托主人的愿望，范钦为藏书楼取名天一阁，是希冀“天一生水”，以水克火，使藏书能妥善保存；清代的徐乾学取名传是楼，则寓意金银玉器总有用尽之时，而书籍却用之不尽，可万古流传；清代的共读楼秉承“子孙未必能读，即使能读，亦何妨与人共读”的观念，打破藏书秘而不宣之规。而《四库全书》七阁的渊、溯、源、津、汇、淙、澜既有深刻寓意，同时皆取水字为边，也是希冀藏书不受火灾。

徐乾学像

也有藏书楼是因其藏书内容而取名，或彰显藏书特色，或突出主人最得意的藏品。清代瞿氏的铁琴铜剑楼兼收并蓄，因瞿氏极为珍爱一台铁琴和一把铜剑而得此名；清代著名藏书家黄丕烈酷嗜宋版书，苦心搜求之下，得一百二十多种宋版书，并专门为之开辟藏书室，名曰“百宋一廛”，“廛”指的是城邑中的民居。与黄丕烈同时期的吴骞藏有上千部元刻本书籍，便仿照黄丕烈之法，为书室命名“千元十驾”，取“骐骥一跃，驽马十驾”之意，寓意千本元刻未必比百本宋刻逊色。再如明代张应文、张丑父子因得米芾亲书的《宝章待访录》而为藏书室命名宝米轩；陈继儒得唐颜真卿的《朱巨川告身帖》真迹卷，遂取名宝颜堂，皆是以藏书特色取名。

藏书楼以附近景致或诗词中的景致命名，则又别有韵味。杜甫从陕西逃难到成都后，在成都西郊浣花溪畔建起草堂，取名浣花草堂；白居易被贬为江州司马后，在庐山建草堂以藏书写作，取名“庐山草堂”；苏轼被贬为黄州团练副使后自己开荒种地，在东坡旁建立书斋，取名“东坡雪堂”。再如花近楼取自“花近高楼伤客心”，影山草堂取自“竹外山犹影”之句，半雨楼取

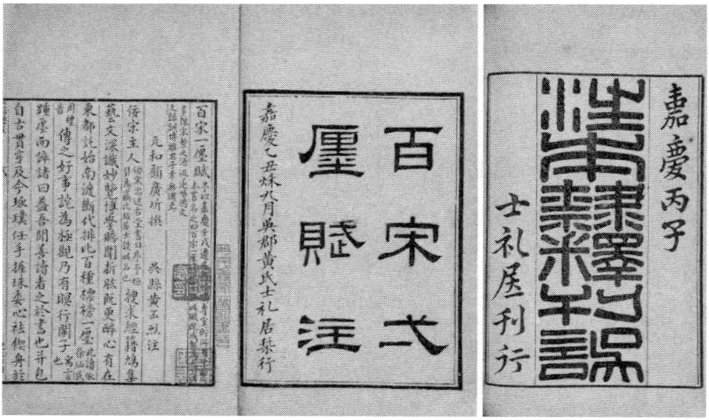

清嘉庆《百宋一廛赋注》书影

自王维“山中一半雨”之句，其他如眠琴山馆、八桂亭、康山读书处、小停云山馆、小玲珑山馆等亦颇有趣味。

当然也有藏书楼是取自主人的字号，或因主人心情趣味而成。北宋魏衍号曲肱居士，藏书处名“曲肱轩”；明代袁忠澈字静思，藏书处名“静思斋”；清代陈邦彦号春晖，藏书处名“春晖堂”。陆游在《书巢记》中说，“吾室之内，或栖于椟，或陈于前，或枕籍于床，俯仰四顾，无非书者”，乃为之命名“书巢”。蒲松龄因屡试不第，请人到书斋谈狐鬼，聊以遣怀，把书斋取名“聊斋”，并写成《聊斋志异》；曹雪芹家世巨变，呕心沥血而写成《红楼梦》，为书斋取名“悼红轩”；清代纪晓岚写诗说“读书如游山，触目皆可悦。千岩与万壑，焉得穷曲折。烟霞涤荡久，亦觉心胸阔。所以闭柴荆，微言终日阅”，其书室名曰“阅微草堂”。

《阅微草堂笔记》书影

阅微草堂，位于北京市珠市口西大街241号纪晓岚故居

许多著名的藏书家出身书香门第，家族中多有藏书传统，其先祖中不乏优秀的藏书者，因此后人建了藏书楼，为了纪念或是瞻仰先祖，就会由此取名。再有些藏书家景仰古代的杰出人物，这些人物或是在政治、文学、藏书等一些方面有建树，或是为人品性卓然不群，或是才华横溢、文名永传，藏书家在取名时就会寄托其景仰之情。

清代的郑杰喜好韩愈的诗文，曾与人一起注释《昌黎文集》，其藏书处取名“注韩居”；清代的孙依言仰慕宋代学者王应麟，推崇其所著《玉海》，因此藏书楼取名“玉海楼”。清代著名藏书家郑性为纪念郑溱和父亲郑梁的老师黄宗羲，而建“二老阁”，藏其先祖遗书两万余卷和黄宗羲藏书中的三万余卷；杨守敬在黄州为官时，其住处与苏东坡的东坡雪堂相邻，苏轼才名流传千古，杨守敬因景仰苏轼而给藏书处取名为“邻苏园”。南宋的郑樵是著名的藏书家，其“求书八法”在藏书界无人不晓，明代的祁彪佳建“八求楼”，不只是表露其致力藏书的意愿，也是为纪念郑樵。

得皇帝钦赐图书或是御笔所题匾额是藏书家引以为傲之事，因此得此殊荣者，多以藏书楼名纪念。宋代的司马光历仕仁宗、英宗、神宗、哲宗四朝，圣眷优渥，因收藏有御赐图书而将藏书处取名“赐书阁”；清代的陈梦雷得康熙皇帝赐“松高枝叶茂，鹤老羽毛新”的联语，即以“松鹤山房”之名纪念。乾隆编纂《四库全书》时向民间征书，许多藏书家因献书而得御赐书籍，鲍廷博得乾隆颁赐《古今图书集成》而有“赐书堂”；周厚堉进书数百种，得乾隆御赐《佩文韵府》一部及御题石刻，乾隆还在他所敬献的宋本《两汉博闻》上题诗，因诗中有“来雨”二字，周厚堉遂为其藏书处取“来雨楼”之名。

二、藏书来源

藏书的来源多种多样，官府藏书一般通过继承前朝遗书、从民间征书、大规模抄书和刻书等方式充实。从秦至清，历次战火烽烟后，新的朝代皆会继承前朝遗书并加以整理，同时设立多种政策从民间求访图书。唐代以后官府刻书渐盛，亦有大规模的抄书活动，这也是官府藏书的重要来源。

私人藏书家获得图书的方式则极为自由多变，有买书、换书、抄书、赠书等。聚金银不如聚书籍，这是许多藏书家的共识。他们藏书，也许是为增长智慧，也许是为怡情娱性，也许是为珍藏典籍、万古流芳，为此，藏书家不惜倾尽家财以聚图书。

购买是藏书家获得书籍的主要方式。中国的文人向来以藏书为荣为乐，为了买书而倾家荡产的人不在少数，他们穿行于书肆，从中发现珍本绝版书籍并以重金购回。为了一本书而四处苦心求访，孜孜不倦地寻索后最终抱得图书归的故事，也常传为美谈。

历来朝代更迭之际，官府藏书流入民间，许多私人藏书家也因离乱而难以保存书籍。因此，便有许多珍本典籍流散四方，或被其他藏书家偶然获得，或被当作普通书流入书肆，还有些书被普通百姓获得。于是，价值万金的书籍，也许会被拿来生火，或是拿来垫东西。这些散落民间的珍贵书籍，便成为藏书家寻访的对象。踏遍千百书肆而偶然在角落里见到珍贵书籍，或是游遍山川，搜寻各地的古籍或当地的文献史料，都是极有乐趣之事。

明代的昆山人张丑，字青甫，号米庵，别号亭亭山人，他善鉴藏，亦知书画。当时有一本米芾所书的《宝章待访录》，相传此书曾流入元代著名画家赵孟頫手中。有"赵氏子昂"之印，明代又流入陆冢宰手中。张丑为得到这一米芾亲书的墨宝，追寻陆氏后人的踪迹二十多年，最终重金购得此书，于是自号米庵，并为其藏书室题名"宝米轩"。

清代钱谦益（号牧斋）购买宋版《后汉书》的故事也颇有趣。《虞山钱牧斋先生遗事》中记载说，钱牧斋最初购买《后汉书》时，因缺失两本，因此出售者减价，以三百余金卖给他。钱牧斋获得这套书后视如珍宝，告遍书商，他想购买另两本《后汉书》，以补其缺。后来，有位书商停舟于乌镇，买面为食，见卖面的人取了两本书用来包东西，正是宋版《后汉书》，那书商窃喜之下，连忙以几枚钱买了此书。因书的首页缺失，卖面人说刚拿来给别人裹面了，于是书商便将书页追回来，星夜去见钱牧斋。钱牧斋得了此书自是欣喜若狂，便款待书商，重金相购，一套《后汉书》遂成完璧。

清初战乱方定，散失各处的珍贵书籍也开始流传。藏书家徐乾学嗜好图书，发愤购买遗书，为此委托他的学生、部属及同僚帮他求购书籍。因他嗜书如命，送他一部好书是最为贵重的礼物，因此二十余年中，不仅他自己搜访图书，也有学生和同僚为他访购书籍，最终聚书数万卷，于“传是楼”藏之。

当然，除了零散地从各处购书外，藏书家也会以巨金购买别人的大量藏书。例如天一阁的藏书就有部分是购买自丰坊的万卷楼。

购书就其本质而言，是货币与书籍的交换，推而广之，其他有价值的东西，当然也可拿来换书。我国古代的书籍浩如烟海，各门各类皆有珍贵典籍传世。每个藏书家的兴趣爱好不同，因此与他人交换书籍或书画也是藏书家获得书籍的途径之一，通过这种方式获得的，较多为善本、秘本，甚而孤本。例如黄丕烈曾以吴枚庵手抄本《游志续编》换取鲍延博元刻本《道园遗稿》，用监本的《附释毛诗注疏》换了何元锡宋刻本的《广成先生玉函经》。

土地、珍贵器物等东西也能拿来换书，钱谦益曾以两个珍贵的古彝宣炉换取一部《祝枝山书格古论卷》，王世贞则“得一奇书失一庄，团焦犹恋旧青箱”。当时王世贞偶遇一名书商出售宋刻本《两汉书》，版刻精美，装潢讲究，他欣喜异常，但手头没有足够的现金。求书心切之下，因怕此书被别人买走，王世贞便和书商商议，用他的一座山庄换了这部书。

没有足够的银两买书，或是对方不愿售书，但藏书家却极爱此书，则可用抄书的方式解决这一矛盾。尤其是对于贫寒学子而言，爱书而无钱购买，只能依靠自己双手抄书以藏。有些藏书家爱抄书，便“每爱奇书手自抄”“犹秃千兔写万纸”，亦是乐趣无穷。

除了自己抄书，还可雇佣别人抄书。例如明代的藏书家毛晋家境富裕，遂雇佣许多人为他抄书，甚至其家中仆童门人皆能抄书。一些藏书家所抄的书籍经细心校正，装帧精良，质量极高，便被奉为精本，如“吴抄本”“毛抄本”“钱抄本”等皆有名气。若能经书法家抄成一部书，则此书荟内容及书法之精粹，价值更高。明代的“吴中四才子”之一的文徵明既是书画家，也是著名的藏书家，他喜爱抄书，因其书法技艺高超，凡是经他之手抄出的图书，都身价倍增，求购者无数。

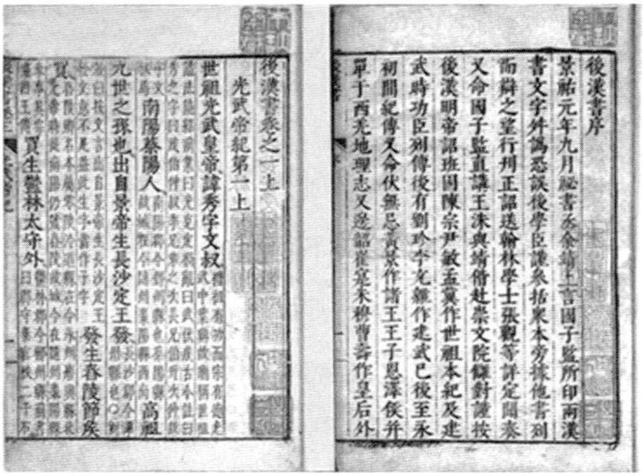

後漢書序

景祐元年九月祕書丞余靖上言國子監所印兩漢書文字舛譌恐誤後學臣謹參括眾本旁據他書列而辯之望行刊正詔送翰林學士張觀等詳定聞奏又命國子監直講王洙與靖偕赴崇文院讎對謹按後漢明帝詔班固與陳宗尹敏孟冀作世祖本紀及建武時功臣列傳後有劉珍李尤雜作建武已後至永初間紀傳又命伏無忌黃景作諸王王子恩澤侯并單于西羌地理志又邊韶崔寔朱穆曹壽作皇后外

後漢書卷之一上

光武帝紀第一上

世祖光武皇帝諱秀字文叔

南陽蔡陽人

九世之孫也出自景帝生長沙定王發

發生舂陵節侯

買

買生鬱林太守外

明毛抄本《李群玉诗集》

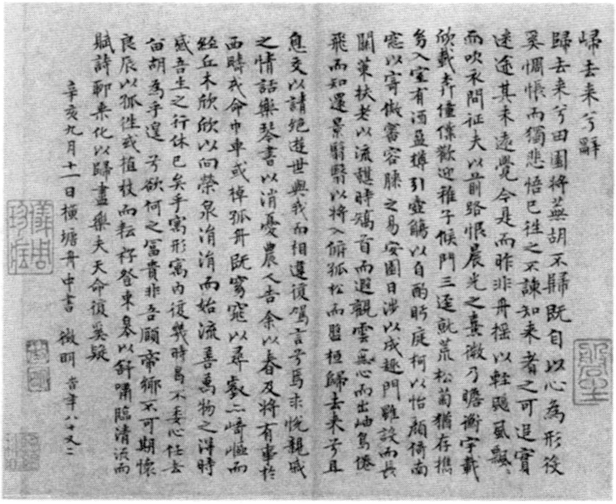

歸去來兮辭

歸去來兮田園將蕪胡不歸既自以心為形役奚惆悵而獨悲悟已往之不諫知來者之可追實迷途其未遠覺今是而昨非舟搖搖以輕颺風飄飄而吹衣問征夫以前路恨晨光之熹微乃瞻衡宇載欣載奔僮僕歡迎稚子候門三逕就荒松菊猶存攜幼入室有酒盈樽引壺觴以自酌眄庭柯以怡顏倚南窗以寄傲審容膝之易安園日涉以成趣門雖設而長關策扶老以流憩時矯首而遐觀雲無心而出岫鳥倦飛而知還景翳翳以將入撫孤松而盤桓歸去來兮息交以請絕遊世與我而相遺復駕言兮焉求悅親戚之情話樂琴書以消憂農人告余以春及將有事於西疇或命巾車或棹孤舟既窈窕以尋壑亦崎嶇而經丘木欣欣以向榮泉涓涓而始流善萬物之得時感吾生之行休已矣乎寓形宇內復幾時曷不委心任去留胡為乎遑遑兮欲何之富貴非吾願帝鄉不可期懷良辰以孤往或植杖而耘耔登東皋以舒嘯臨清流而賦詩聊乘化以歸盡樂夫天命復奚疑

辛亥九月十一日橫塘舟中書 徵明 時年八十又二

文徵明《归去来兮辞》

私家刻书繁荣后，刻书也成了私人藏书家藏书的主要来源之一。事实上，一些著名的藏书家，同时也是著名的刻书家。例如明代毛晋的汲古阁以刻书闻名于世，文学家凌濛初在藏书之外，也是江南代表性的刻书名家。

购书、抄书、刻书之外，友人赠书、皇帝赐书等方式也能充实藏书家的藏书。例如天一阁因在编纂《四库全书》时献书有功，而得乾隆皇帝钦赐《古今图书集成》一部，以充实藏书。

三、藏书保护

除了战乱中焚烧图书、禁书会大规模损坏藏书，使书籍亡佚残缺外，藏书还有三灾——火、潮、虫。水火之灾不可预计，藏书万卷千楼，火灾出现时，却可将一切付之一炬。书籍的材料不管是竹简木牍，还是简帛，抑或后世种种纸张，皆是畏火之物，历史上因火灾而使大量典籍遭到焚毁的事情并不少。

明代时宫廷屡有火灾发生，不管是天灾还是人祸，皆对藏书有不可恢复的损害。例如明正统十四年（1449），南京文渊阁发生大火，将《永乐大典》所据原稿付之一炬；明嘉靖三十六年（1557）四月，宫中失火，奉天门及三大殿均被焚毁，收藏在北京文渊阁的《永乐大典》正本差点毁于大火，至明末清初时，正本已下落不明。再如钱谦益与柳如是的绛云楼，藏书丰富，名冠东南，几可比拟清代内府藏书，然而一场大火后，藏书便烟消云散。

火灾可在短时间内将藏书焚毁，因此历代官府和藏书家保存图书时，皆注意防火。例如汉代的石渠阁阁下以石砌成渠沟，用以盛水导水，有利于防火；天一阁、文津阁等楼前有水池，以救火灾；清代皇史宬用砖石而非木料修建藏书楼，以避火灾。

相对于火灾，潮气和蠹虫之灾则是如蝼蚁毁堤，毁坏微不可察，但时日一久，一旦蠹虫成灾，便会毁了藏书。历来文人对于蠹虫和潮气毁坏书籍之事，颇为无可奈何，却也做了种种尝试来保护藏书。早在宋代，藏书家赵元考就用寒食面和腊月的雪水调和后粘书，据传可以避免蠹虫；此外，还可以用各类香草对付虫蠹。对付潮气则用曝书的方式，渐而养成“曝书会”这一传统。

书籍防虫，主要是防范各类书虫，又称蠹虫。我国古代最早使用芸香防范蠹虫，《梦溪笔谈》中就记载说，“古人藏书，辟蠹用芸。芸，香草也，今人谓之七里香者是也”。在芸香而外，还可以使用辛烈之物洒在柜架或是地面上，有防虫的作用。《藏书纪要》中记载，“书柜顶用皂角炒为末，研细，铺一层，永无鼠耗。恐有白蚁，用炭屑、石灰、锅锈铺地，则无蚁”。再如樟木有强烈的樟脑香气，有辛辣感，也可防虫。

书籍本身怕虫蛀，书籍的修复装裱却容易招来虫蛀。孙庆增在《藏书纪要》中说，“书套不用为佳，用套必蛀，虽放于紫檀香楠匣内藏之，亦终难免”。修裱图书档案时需要用到糨糊，涂过糨糊的纸却适合蠹虫霉菌生长，所以为了防止因书套修裱而生蛀，藏书家在糨糊中除了面粉外，还加入黄蜡、白矾、藿香、皂角、茅香等药材来杀虫防蛀，或是用川椒的水汁做糨糊，也有防蛀之效。

此外，古代还有专门用黄檗汁浸染过的纸张，可以防虫。当然，在各种防虫措施的基础上，藏书家也会定期翻看图书、曝书、通风、检视，一旦发现有虫蛀，就会拿刷子把虫卵刷掉，如果有损坏，则及时修复。

书籍的另一害便是潮，潮则容易腐坏，亦容易生虫，因此曝书十分重要。尤其是私家藏书极为兴盛的南方，梅雨季节过后，书房内潮湿，需及时开窗通风并细心检查书籍是否有损坏。对于藏书十分丰富的人家而言，这项工作需持续月余时间。若书籍较潮，还需拿出来晒书，谓之曝书。这种晒书，更多的是晾晒。

关于曝书，东汉崔寔的《四民月令》记载：“（农历七月）七日，遂作曲。是日也，可合蓝丸及蜀漆丸，曝经书及衣裳。习俗然也。”晒书既成习俗，便渐渐形成了曝书会，不只民间有此习俗，宫中亦然。关于曝书，《晋书》中记载了一则趣闻，当时魏武帝请司马懿入朝为官，司马懿以风痹为由推拒。有一次晒书，遇上暴雨，司马懿不由得自己起身去收书，这件事被史官知道了，告诉魏武帝，于是司马懿再无推拒的理由，只能应命。

自唐宋以来，私家藏书渐盛，曝书的习俗自然愈来愈受重视。阳光晴朗的日子搬出珍藏的典籍晾晒，这自是让人十分愉悦之事，诗人便以诗颂之。杜牧的《西山草堂》提到“晒书秋日晚，洗药石泉香”，陆游的《林亭书事》中有“约束蛮僮收药富，催呼稚子晒书忙”之语，杨万里则感叹“晒书仍焙药，幽事也劳神”，这正是痛并快乐着的状态。对于许多藏书家而言，书籍是最珍贵的财富，曝书则是极为隆重的事了。在范氏天一阁，曝书与祭祀之日并重，是范氏子孙必到之日。

宫廷曝书比民间隆重些。我国历代皇帝多提倡以文以礼治国，历来重视官府藏书，且官府藏书中多有善本珍宝，晾晒承载“文”的书籍自然有些特殊意义了。皇家曝书会的规模大且隆重，例如宋代的曝书会由秘书省主办，大小官员参与，陈设书籍图画、圣贤墨迹、古器琴砚等，为参与者提供茶点，并赠送图书。官府藏书多秘而不宣，曝书会也是官员欣赏书画墨迹的好时机。

当然，曝书的时间并非只在七月七日，凡晴好的天气皆可曝书。明朝内府及皇史宬等晒书的日子在六月六日，也有人在九月九日重阳之时晒书，云高气爽的天气里，秋华菊酒相伴，翰墨书香近身，当真人生乐事！

曝书不只是一项习俗，对于藏书家而言，有不少细节需要注意。《藏书纪要》中就记载了曝书的要领：曝书应在伏天，照柜数目挨次晒，并且要两面翻晒。晒完后连板抬到风口，让书凉透了方可上楼。如果有雨就抬板连书入屋内，但是要注意不能让手上的汗渍沾在书上。收书时照柜门上的书单点进，不能混乱。叶德辉在《观古堂藏书十约》中提到，南方若在七夕晒书，恐怕暴雨时至，猝不及防，而且朝曝夕收，其热非隔宿不退，不能放入书橱，较为麻烦。因此晒书时间应因地制宜，在秋高气爽时晒书最好。

四、女藏书家

中国历史上著名的藏书家多为男子，女子受教育的机会较少，女藏书家更是凤毛麟角，较为出名的有汉代的蔡文姬、宋代的李清照、明清之际的柳如是。清代以来，亦有不少女藏书家出现。

蔡文姬名琰，原字昭姬，因避司马昭的名讳而改字文姬。她博学多才，善于诗赋，精于天文数理，也通音律，是著名的才女和文学家。其父蔡邕是当时有名的大文学家，有藏书万卷。

幼时的蔡文姬受其父影响，博览群书，仰慕班昭修史书之名，自小留心典籍、钻研经史，立志与其父一起续修汉书，然而她半生坎坷，终究未能如“同修”之愿，只在自胡归汉后，继承父亲遗志，撰写了《续后汉书》。

东汉末年，群雄并起，在此动荡的社会中，蔡文姬初嫁卫仲道，两人非常恩爱，可惜结婚不到一年，卫仲道便因咯血而死。蔡文姬在卫家了无子嗣，后被胡人掳走，嫁给匈奴的左贤王并育有二子。直至曹操一统北方，因感恩师蔡邕之德，便用重金赎回蔡文姬。文姬归汉后，嫁给了董祀，留下千古名篇《胡笳十八拍》和《悲愤诗》。

《胡笳十八拍》（明摹本，局部）

蔡文姬的藏书，体现在她与曹操的一段对话中。曹操接见自胡归来的蔡文姬时说："闻夫人家先多坟籍，犹能忆识之不?"蔡文姬回答道："昔亡父赐书四千许卷，流离涂炭，罔有存者。今所诵忆，裁四百余篇耳。"蔡邕将近一半的藏书留给了蔡文姬，而她自幼博览群书，且心思敏慧，曹操请她写下所记得的文章，蔡文姬挥笔写就，文无遗误。

自汉而下，直至宋代时出现了另一位著名的女藏书家——李清照，她与丈夫赵明诚携手共建藏书之事，亦传为佳话。

李清照，号易安居士，能诗善文，工于词。其词清远俊逸，是宋代婉约词的代表，有“千古第一才女”之称。李清照出自书香门第，幼年时生活优裕，其父李格非藏书甚富，耳濡目染之下，李清照自幼博览群书，才华卓然。随父亲居于汴京期间，李清照多有佳作问世，描写其悠闲生活，如广为传诵的《如梦令》，便是在此时写就：

昨夜雨疏风骤，浓睡不消残酒。
试问卷帘人，却道海棠依旧。
知否，知否？
应是绿肥红瘦。

一阕词成，当即轰动京师，以至于“当时文士莫不击节称赏，未有能道之者”。后世在评点诗词时，对此屡屡有极高的评价。

十八岁时，李清照嫁给了时年二十一岁的太学生赵明诚。李清照之父是礼部员外郎，赵明诚之父是吏部侍郎，但赵明诚以朴素为本，极少铺张。《金石录后序》里记录说，当时赵明诚在太学读书，每当初一、十五告假回家时，都会典当衣物换取钱银，再一起去相国寺买碑文果实，回来后展玩咀嚼，其乐融融。

后来赵明诚做过两任知州，其俸禄都用以买书藏书，夫妻二人致力于书画金石的搜集整理。一旦购得新书，便共同校勘、整集、签题，雅趣盎然；若得书、画、彝、鼎，亦摩玩舒卷，指摘疵病，秉烛夜话，其纸札精致，字画完整，冠绝诸藏书之家。为了藏书，夫妇二人“食去重肉，衣去重彩。首无明珠翡翠之饰，室无涂金刺绣之具”，不事铺张，不恋奢华，只以金石书画为乐，以尽收天下古文奇字为夙愿。

日积月累之下，两人所藏金石图籍日渐丰富。因有亲友在宋室馆阁任职，给夫妇二人借阅、寻访书籍带来极大方便，抄写了不少罕见的秘本书籍，家中藏书积至书万卷，金石刻两千卷，遂建立了“归来堂”，用来藏书。

归来堂中所藏金石彝器与图书铭刻富甲天下，是北宋北方收藏最丰的藏书楼。夫妇二人基于其中藏物进行考证研究，撰写了《金石录》一书。

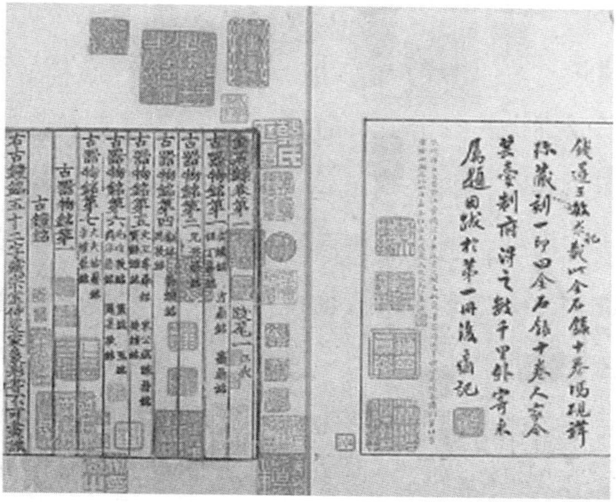

宋版《金石录》

然而，金人入侵，宋室南渡，战乱中，李清照夫妇南下奔丧。因北方局势紧张，李清照便遴选部分藏物南下：

> 既长物不能尽载，乃先去书之重大印本者，又去画之多幅者，又去古器之无款识者。后又去书之监本者，画之平常者，器之重大者。凡屡减去，尚载书十五车，至东海，连舻渡淮，又渡江，至建康。

藏物中的精华被带走，其后归来堂陷入战火，被金人付之一炬。

建炎三年（1129）八月，赵明诚在流离途中病亡，李清照受到极大打击。其后，她为了保存丈夫遗留下的书籍而投奔友人，奈何战乱之中友人藏书亦烟消云散，更无法照拂她。李清照只得携带少量轻便的书帖典籍仓皇逃难，颠沛流离中，藏物也散失大半，其后书画又被窃走，令她悲痛不已。

后半生的李清照颠沛流离，丈夫病故，倾注所有心血的藏书几乎散佚殆尽，多次走投无路，孤苦无依。即便曾再嫁张汝舟，生活却并不和谐，根本无法同与赵明诚的心有灵犀、夫妻协力相比。她虽受尽苦楚，意志却未消沉，将目光投在国家大事上。

思念故土、回忆旧时光阴、感叹孤苦哀愁，又背负国仇家恨，种种深刻情感与绝世才华融合，有许多佳作问世，其词在群花争艳的宋代词苑中独树一帜，人称“易安体”。

易安之后，数百年沉寂，直至明末清初出现了另一位女藏书家——柳如是。

柳如是，本名杨爱，字如是，又称河东君。“如是”之名，取自辛弃疾《贺新郎》中“我见青山多妩媚，料青山见我应如是”之句。她虽置身脂粉之地，却为人倜傥，非但容貌出众，诗词造诣也极高，并工于书法，是秦淮八艳之一。秦淮八艳是明末清初秦淮河畔的八位才艺名妓，包括顾横波、董小宛、卞玉京、李香君、寇白门、马湘兰、柳如是、陈圆圆，她们的事迹在《板桥杂记》中多有记载。

著名学者陈寅恪作《柳如是别传》，称赞柳如是不仅貌美，还善诗会曲，能书擅画，行风流纵诞，志不羁陋俗，敢追求人生幸福，且明于民族大义，远胜时官腐儒，堪称中国历史上少有的“奇女子”。

柳如是画像（清乾隆年间余秋室绘）

幼年的柳如是身世不幸，后沦落风尘，委身秦淮教坊之中。因十里秦淮极为繁华，一水之隔的两岸分别是江南贡院和旧院珠市，柳如是与文人来往颇多，常穿男装儒服，与众人纵谈时势、和诗唱歌，素有美名。

二十四岁时，柳如是嫁给当时有名的学者钱谦益，夫妇二人居于绛云楼中，万卷书满堂，两人读书论诗相对甚欢，以校书、整理图籍为乐，传为一时佳话。校勘书籍时，柳如是字体妩媚秀丽，除了绛云楼外还有惠香阁藏书，有“惠香阁”“女史”“惜玉怜香”“柳如是”等藏书印。可惜后来绛云楼一场大火，将数万图籍毁于一旦，令人无限扼腕。

钱谦益小像与柳如是小像（民国，沈心海绘）

柳如是之后，也有不少女藏书家出现。清代藏书家王声远的妻子汪孺人自幼识文知书，丈夫亡故后，继承其遗志藏书，其子亦子承父业，陆续积书，终成藏书大家。

良好的家庭环境下，易出才女，其藏书自然也不会逊色。王贞仪就是其中一位。王贞仪，字德卿，是清代学者王锡琛之女。家有藏书传统，其祖殁后，遗有藏书七十五柜，王贞仪悉心收藏。她自幼受到家中良好的教育，不仅工于诗文，通医理，而且通星象，精于历算，这在女子当中是不多见的。其诗文朴素无华，著有《沉疴呓语》等书，在算术上尤其擅长，著有《西洋筹算增删》《术算简存》等多部书籍。

常熟张氏世代藏书，夫人季氏耳濡目染，颇通藏书之法，助夫君购书共藏，传为佳话。清代重臣曾国藩的家族中，也先后涌现出三位女藏书家。曾纪鸿（曾国藩第三子）之妻郭筠，卓有见识，思想开明，建有多处藏书楼，藏有经史子集、天文、算学、医卜、星相等书；曾广钧（曾国藩之孙）之妻李氏，知书好文，有筱咏馆藏书；曾纪鸿的孙女曾宝荪，建有思云馆藏书楼，共有十几大书架的书籍。

知识链接：

板桥杂记

《板桥杂记》是明末清初文学家余怀所著的记叙狭邪之事的书，收选了一些优秀的小品文。书中记录明末南京秦淮河畔长板桥一带旧院诸位名妓的情况及种种见闻，故事性强，可读性高。全书分上、中、下三卷，上卷“雅游”，描写秦淮河畔的梨园、秦淮河灯船、妓院和江南贡院；中卷“丽品”，描写李湘真、李宛君、顾媚、董小宛、寇湄等名妓，其中不乏爽朗而令人钦佩的女子；下卷“逸事”，描写金陵、瓜洲、嘉兴等地方的逸事。书中不止是对旧时裙屐笙歌、名花欢场的回忆，亦掺杂沉痛的兴亡感慨，所谓“一代之兴衰，千秋之感慨”，是流传甚广的杰作。

五、藏书世家

“世家”本意是指门第高贵、世代为官的人家。《史记》中的“世家”是记载王侯家世的传记，有三十世家。“世家”一词也可以指将某种专业世代相承的家族，例如常见的书香世家、诗礼世家、科第世家等，而藏书世家则是指将藏书事业世代承袭的家族。

中国的藏书世家是随着私家藏书的出现而形成的，随着私家藏书的兴盛，藏书世家数量日益增多。尤其是宋代以后，雕版印刷术的盛行及书肆的普及使得图书的生产和流通更为方便，私人藏书家聚书更易，爱书之人聚书时少则万卷，多则数万卷甚至数十万卷。这些藏书世代承袭，便可成藏书世家。

提及中国的藏书世家，人们最先想到的大概是宁波范氏天一阁。其“代不分书，书不出阁”的规定广为人知。经范氏历代族人的努力，天一阁经四百余年风雨沧桑而岿然独存，成为如今的“南国书城”，可谓奇迹。而范氏家族，亦是当之无愧的藏书世家。

溯源历史，山东曲阜的孔氏应是中国最早的藏书世家。孔子作为春秋末期著名的学者、教育家，其藏书丰富，因而有了“孔夫子搬家——尽是书”这一俗语。孔子的藏书传至八世孙孔鲋、孔腾时，因避秦始皇焚书而藏书于墙壁，遂有后世“孔壁古文”的出现。孔氏藏书世代沿袭，属山东一大藏书世家。

其后屡有藏书世家出现，如西晋时钱塘范平好学，其子孙都好学，到孙子辈，家有藏书七千余卷。唐代时有江夏李氏书楼，其藏书颇丰，曾获“天下秘书俱出李氏之门”的盛誉，藏书经唐、宋、元三代，至明朝才毁坏。又有眉山书楼孙氏，从唐开成年间建立书楼，期间毁而再继，屡绝屡兴，至宋代时书楼毁坏。

宋代亦多有藏书世家，例如新喻刘氏、宋城王氏、赵州宋氏、会稽陆氏、临海陈氏、吴县叶氏、巨野晁氏等。其中晁氏是当时望族，其藏书绵延五代后散佚，家族中多有入仕为官或以文著称之人，如素有诗名的晁冲之、晁补之。晁冲之属宋代江西派诗人，是吕本中《江西诗社宗派图》所列的二十六人之一，诗词皆有佳作。晁补之是北宋时期的著名文学家，为“苏门四学士”之一，除了在政治上有所成就外，诗词亦有成就。其诗以古体为多，七律次之，善学韩愈、欧阳修，骨力遒劲，辞格俊逸，曾获赠直龙图阁。

明代是私家藏书繁荣兴盛之时，亦有诸多藏书世家出现，如宁波范氏天一阁即为明代建成。另外，山阴澹生堂祁氏、长洲梅花墅许氏、常熟汲古阁毛氏皆为明时著名藏书世家。

澹生堂是明代与天一阁齐名的藏书楼，主人祁承爜，字尔光，号夷度，又称旷翁、密园老人，曾中万历三十二年（1604）进士。少年时即喜好读书，养成嗜书之癖。他从青年时开始聚书，如遇珍本、善本便不惜重金相购，据说他在婚后曾典卖妻子的首饰，以换购书籍。即使在遭遇火灾而令藏书化为灰烬的情况下，他仍旧重整旗鼓，重新收集书籍。在当时很多人藏书注重宋元旧版的氛围中，祁承爜却不忘收集当代文献，认为“凡涉国朝典故者，不特小史宜收，即有街谈巷议，亦当尽采”，因而在其《澹生堂藏书目》中，别集类、图志类、国朝史类的书籍很多。在收书、读书之余，他还著书、刻书。其藏书处原名羽载堂，大火后重建为输廖楼，后因图书数量增多又新建书楼，充分考虑通风防潮、避免日晒等因素。澹生堂是祁承爜书斋之名，寄托了其淡泊不浮华之心。祁承爜的五个儿子亦承父志，尤其是四子祁彪佳酷爱书籍，喜聚书，还曾筑烂柯山房、远山堂、丰庄等藏书处。明清之际，战乱频仍，澹生堂藏书亦受影响；在清朝，祁家被卷入政治斗争而遭到破家惨祸，其书籍还被运往书肆售卖，图书渐渐散佚。

毛氏汲古阁由明末的毛晋创办，其人嗜好读书和收藏宋元精本名抄，屡试不第后变卖田产，于七里桥构筑汲古阁，以收藏和传刻古书，前后积书至八万四千余册，达数十万卷。汲古阁不仅以藏书著称，更以刻书、影钞（指摹写旧时刻本、写本，点画、行款悉依原式）闻名，曾刻书六百多种，雕版十万余片，所刻书籍校勘详明，雕印精良。

至清代时，私家藏书鼎盛，藏书世家更多。先后有常熟钱氏、嘉兴曝书亭朱氏、慈溪二老阁郑氏、桐乡裘抒楼汪氏、钱塘瓶花斋吴氏、钱塘振绮堂汪氏、海宁拜经楼吴氏、常熟照旷阁和爱日精庐张氏、吴县潘氏、汉阳叶氏、江宁甘氏、常熟瞿氏、聊城杨氏、杭州丁氏等藏书世家涌现。其中常熟瞿氏“铁琴铜剑楼”、聊城杨氏“海源阁”、杭州丁氏“八千卷楼”和湖州陆心源“皕宋楼”并称为“四大藏书楼”。

清初最大的藏书世家当属常熟钱氏，从钱谦益数起，其有绛云楼藏书，汇集刘凤、钱功父、杨五川、赵汝师四家所藏，极为丰富。然而庚寅年（1650）一场大火，将其藏书化为灰烬，所残存的书籍，大多是昔日赵琦美脉望馆所藏旧本，钱谦益将其尽数赠给族曾孙钱曾。绛云楼虽焚毁，钱氏藏书传统却未断，钱谦益族弟钱谦贞有怀古堂藏书，族孙钱兴祖有在兹阁藏书，族曾孙钱曾有述古堂、也是园藏书，钱陆灿还有东圃书堂藏书，其以诗书传家，绵延不绝。

吴县潘氏亦是当时著名藏书世家，不仅门第显赫，且家学渊源深厚，出过诸多藏书家、书画家、诗人、学者。从乾隆至光绪末年间，曾出过九位进士、两位探花和一位状元，李鸿章称赞潘氏是“祖孙、父子、叔侄、兄弟翰林之家”。潘氏藏书在潘奕隽建三松堂时已初有规模，其孙潘遵祁又建香雪草堂，其后潘祖荫建滂喜斋与攀古楼以收藏典籍和金石青铜器，在近代藏书史和金石收藏史上占有重要地位，后世子孙不断兴建书楼，聚书达三十万卷。然而其后战火四起，潘氏藏书亦多毁于战火。其古书、卷轴、青铜器虽有流散，但在潘氏后人的保护之下，仍有不少一直保存到新中国成立后。

六、藏书家贡献

在江山更迭、政权兴衰之际，在大规模的禁书中，集中保存的书籍极易被毁，官府亦无力保护书籍，而零散分布的藏书家则能保护图书。一人之力虽弱，但藏书家数量众多，使得不少珍贵典籍能够传世。数次大规模禁书活动中，藏书家保存珍本，拯危继绝，著名的孔壁古文就是其中一例。

《汉书·艺文志》记载，汉武帝末年，鲁共王刘馀从淮南迁至曲阜，为修建王宫而拆了孔子故宅，得《礼记》《论语》《古文尚书》《孝经》等数十篇，皆用蝌蚪文写成，后人称之“孔壁古文”。相传这些书是孔鲋为避秦始皇焚书之祸而藏于墙壁中的，极为可贵。孔鲋是秦末儒生，孔子后裔，他藏书后至死也没有将书取出，直至后来被鲁共王发现。而“鲁壁藏书”，也成了历代藏家之经典逸事。

升平年代，藏书家有足够的力量收藏并整理书籍。百花争艳，各有所钟，许多人致力于某一类藏书，从而对此类书籍贡献极大。

鲁壁，位于山东曲阜孔子故居，明代为纪念“鲁壁藏书”的功绩而立

清代的叶梦得，字少蕴，号石林居士。他曾官至翰林学士，极爱收藏公家的书，即三馆溢出之书、官方印发之书和宫廷文书，其藏书楼名曰**紬紬**书阁，中有藏书万卷。范钦和曾国藩皆喜欢收集地方文献，为官数十载，他们每到一地任职，便着力收藏当地的地方志以及宗谱等，这些地方文献也是其藏书特色。

明代的毛晋喜宋版书，其数万册藏书中，多为宋元刻本。毛氏不仅收藏和保护这些书，还利用这些书进行校勘、刻书等活动。清代的黄丕烈，平生鲜声色之好，专嗜收藏宋代刻本，一旦得知有宋元精本或旧抄善本，就不惜多方购置，并为其藏书楼取名百宋一廛。他在所收宋版书的基础上，潜心校雠研究，对其版本源流、篇目、音韵训诂等进行分析。

医者收藏医书，不仅能为人治病，也能据此著述成书，利在千秋；文学家收藏文学书，则很有可能有脍炙人口的名篇问世，万古流芳。明代的汤显祖酷爱戏曲，极力收藏各种元人的剧本，其书室中有戏曲剧本千种以上，且多为珍本和著名的剧本。汤显祖在戏曲方面的成就极高，其《紫钗记》《邯郸记》《牡丹亭》《南柯记》等皆为传世名作。

明代版画《牡丹亭·寻梦》

藏书家的另一大贡献，便是在整理藏书的过程中，让我国目录学的发展更加辉煌灿烂。藏书千卷万卷时，若不加以整理，使用起来就会很麻烦，由此便有了目录学的诞生——将图书分门别类加以整理，当然更深层次的，则是“辨章学术，考镜源流”。汉代的刘向、刘歆父子编著《七略》《别录》，也是因为当时书籍未经整理，“书缺简脱，礼坏乐崩”“书颇散亡”“经或脱简，传或间编”，于是刘向等人校书整理，为目录学经典《汉书·艺文志》的诞生奠定了基础。

最初的目录学是在官府藏书的基础上发展的，到了后世，私人藏书家的贡献就不可小觑了。当然，这些藏书家中有不少因学识卓然而入朝为官，其成就也得益于官府藏书。藏书家购书自然是为了读书，读书后不少藏书家会精心校正，并对其版本和源流加以考证，辨真伪，写书评提要，细述其书名释义、篇目、篇数及编次、成书原委、体例、特点和内容介绍、所属类目等，从而编写自己的藏书目录。一些著名藏书家的书目价值极高，如晁公武的《郡斋读书志》、范氏的《天一阁书目》、陆心源的《皕宋楼藏书志》等。

藏书家获得珍本善本后，还会对其进行修复保护，使得部分典籍能一直流传下来，尤其是唐宋以来珍本的保存，很大程度上得益于私人藏书家的收藏、保存与刊刻。中国古代藏书多秘而不宣，重藏轻用，一般人无从借阅。清代的部分藏书家将自己的书楼开放，供人借阅，让贫寒士子从中汲取知识，开藏书开放阅览之先河，功莫大焉。

七、历代中央官府藏书机构

官府藏书发轫于商王室，最初的藏书之处是宗庙。在当时，记载有文字的典籍是非常贵重的，只限于王室贵族和史官使用。将典籍藏在祭祀天地先祖的地方，足见对典籍的重视。

到了周朝时，从中央到地方诸侯国都建立了藏书机构，主要有龟室、图室、太史府、盟府、策府等。龟室是专门收藏甲骨的地方；图室收藏竹木简册、玉版、丝绸帛书等；太史是当时掌管国家档案和法律典籍的官员，因此太史府也是藏书处所；盟府则收藏各种盟约，由司盟掌管。这个时候，各藏书处所的命名是由所藏书籍的内容确定的。

秦代的官府藏书分化为宫廷和政府两部分。宫廷藏书供皇帝阅览利用，由御史管理；政府藏书中，丞相府管理郡县的图籍、户籍等，御史府管理律令图书，史官则管理各国史籍、盟书。当时的藏书处所共有四处——明堂、石室、金匮、周室，后来“石室金匮”就成了官府藏书的指代。

汉代的官府藏书数量剧增，藏书处所也越来越多，其中东汉主要将书藏于石室和兰台。石室藏重要的档案文献，也有谶纬图籍。谶是秦汉间巫师、方士编造的预示吉凶的隐语，向人们昭示未来的吉凶祸福、治乱兴衰，例如“亡秦者胡也”就是秦代的一句谶言；纬是汉代附会儒家经义衍生出来的一类书，主要内容也是迷信方术和预言。兰台位于宫中，隶属于御史府，所藏内容包括皇帝诏令、臣僚章奏、律令、地图和郡县计簿等，也有谶纬类的图籍，同时还有著书和校书的功能。东汉

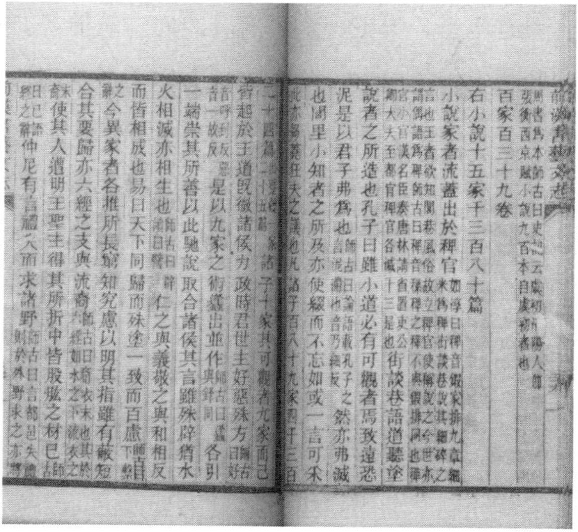
百家百三十九卷
右小說十五家千三百八十篇
小說家者流蓋出於稗官
街談巷語道聽塗
說者之所造也孔子曰雖小道必有可觀者焉致遠恐
泥是以君子弗為也然亦弗滅
也閭里小知者之所及亦使綴而不忘如或一言可采
此亦芻蕘狂夫之議也
凡諸子百八十九家四千三百
二十四篇
諸子十家其可觀者九家而已
皆起於王道既微諸侯力政時君世主好惡殊方
是以九家之術蠭出並作各引
一端崇其所善以此馳說取合諸侯其言雖殊辟猶水
火相滅亦相生也仁之與義敬之與和相反
而皆相成也易曰天下同歸而殊塗一致而百慮
今異家者各推所長窮知究慮以明其指雖有蔽短
合其要歸亦六經之支與流裔
使其人遭明王聖主得其所折中皆股肱之材已
仲尼有言禮失而求諸野

民国十九年（1930）成都志古堂刻本《汉书·艺文志》书影

的时候班固曾为兰台令史，后来负责整理汉代藏书，编成《汉书·艺文志》，所以后世也将史官称为兰台。因兰台由御史中丞掌管，因此御史台也称兰台。

后来藏书渐多，东汉政府便开辟东观和仁寿阁收藏图书，并供学者研读和著述。此外还有延阁、广内、太常、太史、博士、太卜、宣明殿、辟雍、鸿都、石渠、天禄、麒麟、兰台等。天禄和石渠由刘邦的谋臣萧何在修建未央宫的同时主持建造，既是存放档案的地方，也是撰史著述、校勘典籍和学术交流的场所，汉代的刘向和刘歆父子就在此编著了《七略》和《别录》。后来乾隆为宫廷内善本取“天禄琳琅”之名，琳琅是美玉，天禄则是取自汉代的天禄阁。麒麟阁收藏历代的记载资料和秘密历史文件，并校理图书，还藏有汉代十一名功臣的画像。

三国时期，魏国藏书主要在秘书、中、外三阁；蜀国仿照汉制，建造东观收藏图书；吴国也仿照汉制，建造东观进行图书收藏和整理，后来西晋大军攻破建业，吴东观的图书全被运往洛阳。晋代基本沿袭汉魏旧制，主要在秘阁、兰台、崇文馆、石渠阁藏书。南北朝时因小国众多，各藏书处也较多。宋国将书藏于宋秘阁和总明观，齐国将书藏于齐秘阁和学士馆，梁国将书藏于梁秘阁、文德殿、华林园和东宫，陈国将书藏于陈秘阁、德教殿、承香殿和寿安殿，北魏藏书于北魏秘阁和东观，北齐在北齐秘府、文林殿、仁寿殿、麟趾殿。

隋代的藏书承袭六朝继续发展，藏书机构有秘阁、嘉则殿、修文殿、观文殿等。秘阁即秘书省，由秘书监负责，专门执掌图书典籍，下设众多官职，人数最多时有一百一十七名官员。嘉则殿的藏书主要供皇室阅览，修文殿也是皇家藏书处所，藏书质量在当时各官府藏书机构中最高。观文殿位于东都洛阳宫内的中轴线上，建筑装饰豪华，不仅窗户、床褥、橱幔等极为珍丽，还设有机关，在皇帝到来时，宫人踩到机关，帷幔自动收起，户扉和橱扉自动打开，皇帝离开后则自动关闭。观文殿后有妙楷台和宝迹台收藏古迹名画，洛阳皇宫内道场中还专门设立了收藏佛经和道经的场所。

唐代的藏书机构数馆并立、相互协作，使官府藏书机构成为集编书、抄书、收书、用书功能为一体的文化中心。其藏书机构主要有秘书省、弘文馆、史馆、崇文馆与司经局、集贤院、翰林院。

秘书省曾先后改名为兰台、麟台，其所藏图书在整个官府藏书体系中举足轻重。其收藏内容涵盖了历代馆藏旧书、唐代数次从民间搜集和抄写的图书、唐人著作的新书，图书形态皆为卷轴装，装帧十分华丽。秘书省的藏书皆打上了“贞观”的印记，以示藏书所有，这也是后世使用藏书印的开端。一些文人士子渴望读秘书省中卷帙浩繁的藏书，为此努力进入秘书省任职，以便博览群书。

弘文馆最初名为修文馆，后因位于弘文殿之侧而更名。弘文馆既收藏典籍，也是一学馆，唐太宗曾选名士虞世南、褚亮、欧阳询等出入馆中讲论文义、参商政事。这里也是教育机关之一，其学生均为皇族和达官显贵的子弟。弘文馆的藏书主要是为本馆学士、直学士、职员及学生服务的，学生晚上也可以留馆读书。

史馆在长安和洛阳两京拥有多处馆舍，掌管典藏档案和书籍，涵盖军政要事、人事法律、天文地理、民俗民情等诸多方面，其藏书也用于编纂史书。

崇文馆是唐代太子的学馆，隶属于东宫，性质与弘文馆相似，为近二十名学生服务，同时也有抄书和校书的功能。司经局也隶属东宫，是太子的藏书所，也是东宫藏书的总荟，专为太子服务。

集贤院是唐玄宗为了搜书、校书和网罗人才而设立的。开元五年（717），唐玄宗李隆基任命褚无量为乾元院使，在东都乾元殿整理四库书籍，次年乾元院改名丽正院，开元十三年（725），又更名为集贤院。集贤院隶属于中书省，共有四处院址，主院在洛阳宫城内的太平公主宅，长安也有两处。

翰林院是唐代负责参谋机密事务、起草机密诏书的机构，设翰林学士和翰林供奉两种职位，这一机构一直保存到了清代。翰林院的藏书规模虽相对较小，但在各朝各代，翰林学士始终是社会中地位较高的士人群体。如唐代的李白、杜甫、张九龄等，都曾入翰林院；宋代的苏轼、欧阳修、王安石、司马光等名臣皆出自翰林院；明代的宋濂、方孝孺、张居正等供职于与翰林院相同的内阁；晚清的曾国藩、李鸿章等，皆是翰林中人。

唐灭亡后，五代更替，十国并存，混乱之中官府藏书自然难有作为，虽因袭唐代旧制，但藏书规模却难以相提并论。当时主要藏书机构有秘书省（监）、五代三馆（将弘文馆、集贤院、史馆三馆合一）、十国宫廷藏书处、国子监等。

宋代的官府藏书灿烂辉煌，主要藏于崇文院、秘书省和皇宫中各殿阁。崇文院是在五代三馆合一的基础上建立的，含昭文馆、集贤院、史馆和秘阁四处。昭文馆即唐代的弘文馆，由宰相兼任大学士，负责为皇帝顾问和贵族子弟的文化教育；集贤院也设大学士（宰相兼任）和学士，其中的图书是可以借出的；史馆负责修国史等内容，收藏史书和图籍较多，在崇文院四库中，史馆藏书最丰；秘阁是中央政府最重要的特藏书库，收藏有众多名人墨迹，如王羲之、王献之、唐太宗、唐玄宗、颜真卿、欧阳询、柳公权、怀素等人的作品，亦汇集了在当时就已极为珍贵的众多名画，如顾恺之的维摩诘像、薛稷的鹤、戴嵩的牛等，也收集了宋代皇帝御制的诗文集和墨迹。宋神宗元丰改制后，昭文馆、集贤院都废置，史馆和秘阁归入秘书省。

秘书省在最初与三馆秘阁并立，元丰改制后与崇文院合并，统领三馆秘阁。秘书省分为四案：其一，国史案，掌管编修《日历》等事；其二，太史案，掌管太史、天文浑仪等；其三，经籍案，掌管典籍；其四，知杂案，掌管秘书省杂事。宋徽宗政和年间，又增设道教案。南宋的秘书省沿袭北宋之制，设知杂案、经籍案、祝版案、太史案等。秘书省中除了收藏书籍和各类公文资料，也收集碑石、图画、古器、印版书等。

宋代皇帝多喜欢诗文，擅长书画，皇宫藏书的规模并不逊色于政府藏书。历任皇帝即位时还专门修建殿阁以收藏其诗文、字画、手稿，也收藏他阅览过的图书等。这些藏书属皇帝私人所有，只供皇帝御览。宫廷藏书分藏在各殿阁之中，其中太清楼的藏书规模超过三馆秘阁的任何一处，珍本、善本颇多，且品种齐全。另外还有宋太宗的龙图阁、宋真宗的天章阁、宋仁宗的宝文阁、宋神宗的显谟阁、宋哲宗的徽猷阁等。

除中央政府及宫廷的藏书外，地方的行政机构和官办学校中也藏有诸多书籍，其官刻事业亦十分兴盛。与宋朝同期的辽国，也设置崇文馆、乾文阁、秘书监、观文殿、昭文馆、文学馆、司经局等掌管藏书。金国仿宋辽之制，也设秘书监掌管政府藏书，其弘文书院、集贤书院等处亦有藏书。

元代的中央藏书机构主要有秘书监、太史院、太医院辖医学提举司、奎章阁、艺文监、翰林兼国史院、兴文署、国子监等。其中秘书监是最重要的藏书机构，所藏内容涵盖各种历史记载、汉文和回文历书、地理书、地方志、蒙古西征时带回的各地方志、科技著作、书法字帖、释道二教的书，等等。太医院辖医学提举司贮藏医学图籍；兴文署是集贤院下属机构；国子监是元代最高学府，也是重要的刻书机构，其刻书质量精良，得“元代官刻，首推国子监本”的评价。

至明代，官府和私人藏书皆走向鼎盛，在书籍的规模、质量、种类等方面皆十分突出。官府藏书分为内府、书馆、官学和官署四支。

内府藏书主要有大本堂、南京文渊阁、北京文渊阁和皇史宬。大本堂位于宫中，由朱元璋下令修建，取古今图集充入其中以教育皇子，并聘请名儒教授皇子，选民间优秀人才和公卿嫡子伴读。南京文渊阁的书籍来自元朝中央政府藏书，永乐十九年（1421）时，其中的精品运往北京。正统十四年（1449）时，南京皇宫发生火灾，文渊阁剩余的书籍皆化为灰烬。北京文渊阁是因南京文渊阁而建，汇集了宋、金、元以来的皇室藏书。皇

北京国子监的藏书之处——彝伦堂

史宬是现今保存最完好的皇家藏书楼，因明前期多次失火导致典籍焚毁，因此改木质建筑为砖石垒砌，用铜柜和铁柜存放书籍。

书馆的藏书主要在司礼监。司礼监是明代内廷十二监之一，是内府重要的刻书机构。然而明廷衰微时，其所藏图书有不少流入民间贩卖，后经战火焚毁，存书极少。官学主要是南京国子监和北京国子监，即南监和北监。作为教书育人和重要的刻书场所，两监藏书颇丰。官署主要是京师行人司，其藏书分为典部、经部、史部、子部、文部、杂部，其中典部藏御制之书。

清代的中央政府藏书以宫廷藏书最为突出。清代皇家宫廷藏书的地点星罗棋布，在紫禁城的外朝与内廷、皇帝的苑囿、皇宫及各地行宫皆有多处藏书，总计数百处。

在京城大内，有乾清宫、昭仁殿、上书房、养心殿、御书房、永寿宫等；外朝有内阁大库、文渊阁、皇史宬、武英殿、御书处、国史馆、实录馆、会典馆、方略馆等，近六十处殿阁藏有书籍。其中昭仁殿藏有著名的皇家善本书籍“天禄琳琅”；养心殿作为雍正之后皇帝居住、处理政事的处所，也藏有大量书籍，并藏有与“天禄琳琅”齐名的“宛委别藏”；乾清宫初为皇帝寝宫，后为皇帝召见群臣、批阅奏章、处理政务的场所，亦有大量藏书；上书房、古董房、重华宫、长春宫等处亦多有藏书及珍贵书画作品。外朝的内阁大库是内阁存储档案册籍的处所，国史、实录、会典、方略各馆负责保存和编修相应的书籍。在翰林院、国子监亦有藏书。

皇帝的苑囿如景山、西苑、圆明园、清漪园、静明园、静宜园等，有藏书处六十多处；承德避暑山庄（即热河行宫）、盘山、汤泉行宫、桃花寺行宫、团河行宫、黄新庄行宫、丫髻山行宫、隆福寺行宫、白涧行宫等行宫中又有藏书处数十处；位于沈阳的盛京皇宫中亦有藏书。这些藏书处所零散分布，规模大小不一，却保存了许多珍贵的典籍。

皇史宬，位于北京天安门东边的南池子大街南口，始建于明嘉靖十三年（1534）

清代极富盛名的藏书处所当然还有典藏《四库全

书》的南北七阁。当然，其中的北四阁也是分布在京城大内、皇家苑囿、皇帝行宫和盛京皇宫中。文渊阁位于大内外朝西路的文华殿之后；文溯阁位于沈阳盛京皇宫西，被嘉荫堂、芍药圃、仰熙斋包围；文源阁位于圆明园北部；文津阁则位于承德避暑山庄。

知识链接：

薛稷的鹤

薛稷，字嗣通，是唐代著名画家、书法家。曾任黄门侍郎、参知机务、太子少保、礼部尚书等职。薛稷师承褚遂良，与虞世南、欧阳询、褚遂良并称初唐四大书法家。工于书法之外，薛稷亦善于作画，长于人物、佛像、树石、花鸟，尤精于画鹤。他所画的鹤形神兼具，超脱逸达、傲骨十足，到了呼之欲出的境界。杜甫所言“画色久欲尽，苍然犹出尘”，李白所言“鹤感至精以神变，可弄影而浮烟”皆是称赞薛稷画鹤技艺之精湛。薛稷画鹤成就很高，影响深远，后世鹤样的六扇屏风便是始自薛稷。

八、刻书与书肆

私家藏书是随着雕版印刷的普及、刻书出版的兴盛而繁荣起来的。

从春秋至西晋期间，简册和帛书是主要的书籍载体，其后纸张开始普及，但当时多是手抄的书籍，费时费力，而且书籍数量稀少。因此，虽然有私家藏书，但藏书家数量较少，每位藏书家的藏书规模也有限，能藏书万卷就已是藏书大家了。

印刷术普及后，书籍可以大量生产，广大藏书家不必再担心无处买书，私家藏书渐而兴盛，与之相应的，刻书出版事业也日渐繁荣，全国各地书肆林立。

古代的刻书出版主要有官刻、私刻、坊刻三类，各寺院和书院也有规模大小不一的刻书。

官刻主要是官府刻书和宫廷中的刻书。此两者坐拥天下典籍，刻书力量雄厚，先后由国子监、内府、经厂、武英殿等为刻书主力，明代的各藩王也有刻书，且质量相对精良。

私刻就是各私人藏书家的刻书。私人藏书家有不少人嗜书如命，重视书本质量，因此不少私刻的质量极高，其中不乏珍品。两宋文豪、明清著名藏书家中有不少人精心校刻图书，更有毛晋因刻书而千古留名。

坊刻即书坊中所刻的书。五代时候的书肆，北宋时候的书林、书堂，南宋的书棚以及明清时的书铺，皆泛称为书坊。

唐代是我国雕版印刷的初创时期，坊刻、寺院刻书和私刻比较多，官方刻书还未开始。唐代百姓笃信佛教，虽然有人以抄经书的方式来积功德，让佛经数量愈来愈多，然而依旧供不应求。因此寺院常会大规模地刻印经书，而家刻也多是以行善积德为初衷，刻印的也多是佛经。坊刻也有佛经，同时还刻印历书、字书、韵书、占梦、相宅等民间常用的杂书。在当时，四川、江苏、浙江等地的刻书相对发达，这与当地盛产木材、纸张等不无关系。

到了宋代，官府刻书逐渐发展了起来，国子监、崇文院、刑部、秘书监、太史局、礼制局都刻过书，其中国子监人才云集，十分重视校勘，因此质量颇为精良。而且国子监的书价也比较便宜，购买方便，从而出现了不少万卷藏书家。书肆中图书充足，只要有银子，短时期内便能买到万卷书籍。当时眉山的孙氏就是买了万卷国子监本书籍并以此为基础成为藏书家的。宋代监本书的价格一直很便宜，因而成为藏书家的插架之珍流传下来。因其质量精良，在后世，宋刻本书籍价值极高。

私家藏书兴盛，雕版印刷技术普及，私刻与坊刻也日益繁荣。

宋代的家刻数量众多，刻书内容不一而足。除了官府禁止刻印的书外，部分史书、文集及其他杂书皆在刻印之列，像广都费氏刻印大字本《资治通鉴》、临安孟琪刻印《唐文粹》、麻沙刘仲吉刻印《新唐书》、建安魏仲举刻印《昌黎先生文集》、婺州唐宅刻印《周礼郑注》等。名臣大儒也会刻书，如朱熹刻印了《南轩集》，陆游刻印《岑嘉州集》，廖莹中刻印《九经》。廖莹中是刻书名家，其刻印的《昌黎先生集》被称为绝世神品。

坊间刻书亦十分兴盛，刻书名家并起，书肆生意繁荣。然而刻书在满足爱好、赚钱养家之外，却也容易招来杀身之祸。

南宋的著名刻书家陈起是钱塘人，他在杭城钱塘棚北大街睦亲坊开书肆，名陈宅经籍铺，和福建建安余氏并称宋代刻书两大家。陈起刻书技艺精湛，字体俊逸，且用料上乘，在当时负有盛名，是坊刻之精品，书肆中流通的书籍也数以万计。因陈起本人雅好诗文，与文人

《清明上河图》中京城开封的书坊

学士多有来往，其书坊便成了文人来往聚居之所，陈起便收集众人诗稿，结集出版，称作《江湖集》。其中一位江湖诗人叫曾极，他的一首小诗触怒了权臣史弥远，便被指责为诽谤朝臣，关押入狱。因《江湖集》是陈起出版的，陈起也因此获罪流放，下落不明。刻印《江湖集》的版片被烧毁，书中涉及的许多江湖诗人也受到牵连，被捕入狱或是被流放千里。

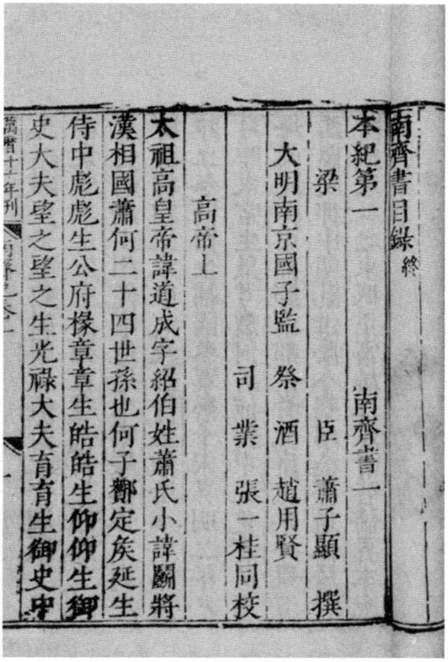

南齊書目録 終

本紀第一　　南齊書一

梁　　臣　蕭子顯　撰

大明南京國子監　祭　酒　趙用賢

司　業　張一桂同校

高帝上

太祖高皇帝諱道成字紹伯姓蕭氏小諱鬬將

漢相國蕭何二十四世孫也何子酇定矦延生

侍中彪彪生公府掾章章生皓皓生仰仰生御

史大夫望之望之生光祿大夫育育生御史中

明万历南京国子监本《南齐书》书影

宋代时官刻、私刻、坊刻三足鼎立，这种形式延续至明代，三大刻书系统愈发繁荣。

明代的官刻主要是经厂和国子监的刻书。国子监作为最高学府，本身藏书极为丰富，又人才济济，从祭酒到监生无不参与刻书。然而监本书的质量却是参差不齐的，北监本校勘不精，除了因袭旧本的错误，还会有新的错误出现。当然，监本书中也是有质量极精良的刻书的。

除了中央官府外，各藩王也多有刻书，且藩府刻本被奉为明代官刻的珍品。因明朝皇帝怕藩王犯上作乱，对他们监督严格，藩王在政治上不能太有作为，便只好做其他的事来韬光养晦，刻书便是一种。藩王府本身有足够的财力支撑刻书，且府中亦有济济人才，精心校刻之下，保证了书籍的质量。

文人相交，或是有诗文酬唱集，或是新的著述如小说戏曲、时事评谈，或是潜心研读、考证辨究写出的学术著作，这些书籍皆可刊印，广为流传。明代的私家刻书如私家藏书一般，星罗棋布，范钦、胡宗宪、王世贞等皆曾刻书，最知名的莫过于毛晋。

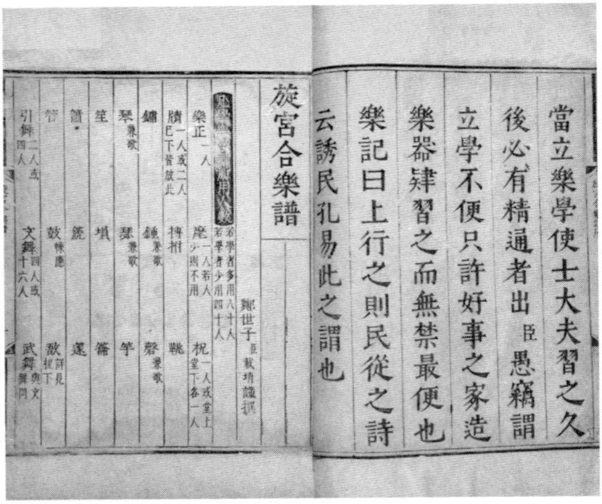
當立樂學使士大夫習之久
後必有精通者出 臣愚竊謂
立學不便只許好事之家造
樂器肄習之而無禁最便也
樂記曰上行之則民從之詩
云誘民孔易此之謂也

旋宮合樂譜

明万历郑藩《乐律全书》书影

毛晋爱藏书，也爱刻书，其汲古阁刻书重视校勘与纸张材料，质量极为精良。最初是由他本人校勘刻书，后来雇佣文人学士共同校勘并刻书，通过书肆大量发行，遂成坊刻。毛晋刻书的主要经费并非依靠书肆，而是由父辈遗留的田产支撑。因他聘请数十名文士精心校书，版刻也十分精良，而用来做底本的书籍多是珍稀孤本，需花费重金求购，因此书肆常会入不敷出。毛晋最初有田数千亩，当铺若干所，到了后来全都被卖掉，作为买书、刻书之用，可见其爱书之心。

汲古阁宋六十家词

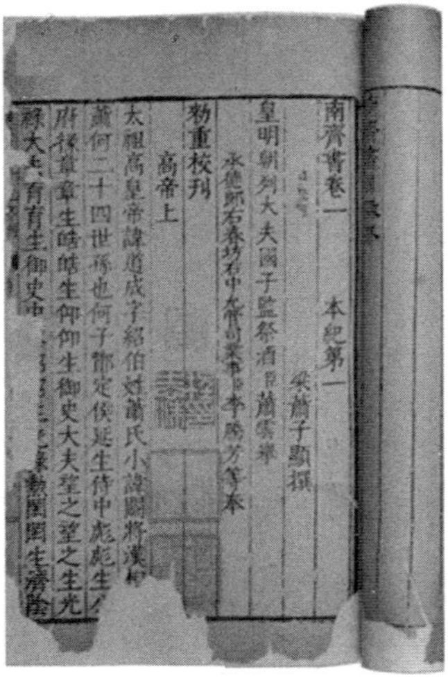

明汲古阁刻本《后汉书》书影

毛氏汲古阁外，苏州、金陵、杭州、北京等地都有知名的书坊刻书，如大观堂、五雅堂、友花居、友石居等。印刷技术在明代已十分精良，活字印刷普及，套版印刷广泛应用，且插图本图书极多，图书十分美观。

清代初期的康熙、雍正、乾隆三朝经济繁荣，清代皇帝一方面大兴文字狱，另一方面又将刻书作为笼络知识分子的手段，官府刻书极为繁荣。在武英殿设有监造处、校勘翰林处、档案房等，而在监造处又设立有书作、刷印作、铜字库、聚珍馆等机构，形成完整的刻书系统。在国子监、地方的官书局也都有大量的刻书。

官刻的繁荣兴盛，带动私刻与坊刻也蓬勃发展，与明朝相比并不逊色。清代的私人藏书家重视考据校勘，且藏书数量极多，时人著述丰富，私家刻书数不胜数。文人墨客喜好四处访书求购，书市至清而大盛，坊刻亦极为繁荣。不过前期刻书兴盛，后期石印技术传入中国，雕版印刷步入穷途，书坊开始以经营生意为主，刻书只作为其辅业。

九、书厄

书厄是指造成大量书籍亡佚残缺的劫难，造成书厄的原因主要是水灾、火灾、战事和大规模禁书。早在隋代，牛弘就提出了“五厄”，到了明代，著名藏书家胡应麟再补充五项，遂成“十厄”——秦始皇焚书、王莽之乱、董卓之祸、西晋八王之乱、侯景之乱和周师入郢、隋末混战、唐安史之乱、唐末战乱、北宋靖康之灾、南宋绍兴之祸。

上述十厄，除了秦始皇焚书外，皆因战事而起，且多为官府藏书之厄。事实上，水火之灾对于私家和官府藏书的损害也不可小觑。

私家藏书受水灾之害的事屡有发生。宋代的姜潜藏书数千卷，皆为精品，有一年洛阳发大水，淹没损毁藏书无数。除了自然的水灾，古代战争中常有以水淹城之事，书籍也会损坏；以船载书而行，船覆则书落水，即便后面进行处理，也会对书有较大的影响。

关于火灾烧毁图书的事则更多，最广为人知的是绛云楼焚毁一事，是南国藏书之一厄。早在晋代，道士葛洪的家中遭火，书籍尽数被焚毁；南唐亡国时，李煜的万卷藏书也被烧尽。

到了明清，私家藏书愈来愈多，而各藏书家的保护措施都有限，稍有不慎，便是一场火灾。著名的藏书家如宋绶、叶梦得、赵宗绰、王应麟、丰坊、黄宗羲、龚自珍等都曾遭遇火灾，书籍损毁情况不一而足，有些只烧了书籍的一部分，有些则是尽数焚毁，半生心血，毁于一旦。明清以来私人藏书家星罗棋布，且大多是建一座藏书楼，将所收图书尽数入藏，若有火灾发生，动辄便焚毁数千卷乃至数万卷，这些被火灾焚毁的书籍林总加起来，便是千百万卷！

火灾是藏书之一大害，历代藏书家皆苦心经营，谨小慎微，对藏书楼严格管理，杜绝任何可能引起火灾的因素；在藏书楼的建筑上，也充分考虑防火，苦心求索。

非但私家藏书常受火灾，宫廷中的藏书也常为火灾困扰。明代宫室中多次大火，焚毁图书无数，著名的《永乐大典》便葬身火海之中。明代时修建皇史宬，以砖泥构筑而不用木材，便是为了防火。

官府藏书遭受的火灾中，自然灾害较少，更多的是战乱中的战火，影响较大的便成书厄。

秦始皇为禁书而焚书坑儒，对中国文化影响之大，自不必说。秦建国之初，求书若渴，建立石室、金匮藏书，然而后来秦始皇听信丞相李斯之言，除了医药、卜筮和种树之书外，其他官藏和私藏图书尽皆销毁。而后西楚项羽灭秦，屠城纵火，咸阳宫夷为废墟的同时，官方所存留的大批典籍亦被焚毁。

及至汉代，官府藏书逐渐兴盛，帝王屡次征书充实官藏，虽经秦朝两次大劫难，依旧聚书一万三千余卷，气候逐渐恢复。然而王莽篡权时，触发了大规模的农民起义，在位十余年间，战火不断。战火波及之处，百姓颠沛流离，书籍自然损毁无数。更始三年（25），赤眉军与更始军互攻于长安，宫室被焚毁，典籍残落，西汉百年经营积累的藏书消失殆尽。

东汉末年，董卓专政，天下诸侯起兵讨伐董卓。董卓为避风头而挟天子迁都长安，将洛阳城和周围二百里内的宫殿、庙宇尽皆纵火焚毁，繁华京都遂成一片废墟，藏书受损严重。而后天下三分，战乱频繁，至西晋统一全国后，稍为安定，于是建秘阁以藏书，聚书三万卷。

然而三国乱局方定，晋室内部又起干戈。八王之乱持续十六年，秘阁藏书被严重损坏，到后来只剩数千卷。南朝梁元帝即位后，十分重视藏书，然而侯景作乱时，率领军队逼宫，烧毁了大量图书，这让梁元帝十分痛心。为免书籍再受祸乱，梁元帝便将藏书运往江陵并广为搜罗，充实藏书，聚书十四万卷。谁知五年之后，西魏攻城，梁元帝一时想不开，认为“读书万卷，尚有今日，是以焚之”，竟将自己疏于朝政招致祸乱的罪过归因于书籍无用而下令焚书。城破后，魏军于残墟之中捡拾图书，仅余四千余卷。

朝代更迭，书籍散落再积聚，循环往复。隋文帝开国后，派人四处搜访异书，并制定了有力的奖励政策，藏书又恢复至三万余卷。隋代皇帝还命人抄写副本，西京长安嘉则殿书籍数量达三十七万卷之多。

隋朝式微，李世民攻入洛阳，欲将洛阳藏书用船运往长安，经过三门峡时运书船遇险，大多数书籍随水漂没，所存留的还不足一二成，令人扼腕。太宗开贞观盛世，官府藏书数量持续增长，至唐玄宗时，为了预防不测，命人在长安和洛阳两京各藏经、史、子、集四库图书。安史之乱爆发后，安禄山攻入两京，唐玄宗率众逃入西蜀，而两京所藏图书皆被焚毁，图书再遭浩劫。

安史之乱中书籍损毁严重，战乱平定后，开始了新一轮的藏书，不仅修补书库，还派人四处寻访图书，政府藏书稍有恢复。随后的黄巢起义中，两京再度陷入战火，宫庙寺署焚荡殆尽，官府藏书再度受损。其后屡有叛军作乱，府库书籍受损无数。

宋太祖开国之后，官府藏书制度愈发完善，加之雕版印刷的普及和文化科技的繁荣，时人多有著述，刊刻图书较多，官藏图书再度充盈。然而北宋之末，金军入侵汴京，掳走书籍无数，烧杀抢掠之间，私人藏书家为避难而颠沛流离，藏书更是无人照看，京城中公私藏书为之一空。

靖康之乱后，宋室南渡至临安。虽然偏安一隅，但文化气氛更浓，况且南方私家藏书极为繁荣，官府藏书逐渐恢复。至德祐二年（1276），蒙古军队攻陷临安，战火中图书损毁极大，残余图书皆归入元人之手。幸而元人重视书籍保护，期间藏书还逐步恢复。至明朝灭元后，图书并未有太大损毁，元朝从金人和南宋手中获得的书籍，皆纳入明朝官府藏书。

明代修文养武，官藏与私藏皆繁荣发展。私人藏书家不断崛起，官府藏书也极为兴盛，官藏图书有百万卷之多。可惜李自成草莽起义，认为书籍无用，在攻入北京后烧杀抢掠，充盈的官府藏书在大劫难之下，损毁严重。至清代，皇帝重视藏书建设，官府藏书逐步恢复，虽有大量的文字狱及禁书案件发生，官府藏书还是蔚为可观。

《四库全书》的编修，一方面因丛书的价值而有功于后世，另一方面，“寓禁于求”的方式也使得民间大量的书籍被毁，且此次禁书活动波及全国。在乾隆的极度重视下，官府不断施压征求，私藏图书被毁无数，乃书籍之一大厄。其后列强入侵，太平天国起义，乾隆辛苦建立的《四库全书》中的数阁也在战乱中被焚毁。

太平天国所到之处多有抢掠，劫富济贫。因藏书需耗费极大的财力，因此著名的藏书家多是家境优渥之人。他们便成为太平天国的劫掠对象，书籍焚毁不计其数。江浙一带的藏书大家多受其祸，天一阁、汲古阁等均未幸免。

太平天国士兵战斗情形（19 世纪 50 年代外媒绘制）

纵观历史，书籍受到大规模的损毁，无非是因水、火二字，而战事便是祸害的导火索。在频繁的战争中，集天下藏书精华的官府藏书受焚毁最为严重。私家藏书不但受战火之灾，还有藏书家颠沛流离中的图书散佚。像著名的李清照与赵明诚夫妇的归来堂，便是因战乱而渐次损毁，万卷藏书、金石、古物等散佚无存，令人扼腕。

十、禁书

书籍是思想内容的载体，自书籍诞生之后，有人将其视为珍宝，竭力以藏，亦有人视其为洪水猛兽，担心其妨碍统治，欲毁之以绝后患。中国古代的藏书源远流长，禁书亦源远流长。从秦代至清末，禁书事件从未间断。在清朝乾隆年间，禁书活动登峰造极，大兴文字狱，禁毁图书无数。

春秋战国时期诸子并起，各家思想争鸣。一旦有了冲突，便会相争，进而禁书以压制思想异端。最早的禁书是在战国初期的秦国，商鞅认为《诗》《书》于治国无益，禁毁这些书就能富国强兵，而秦孝公竟认同了这一说法，烧《诗》《书》以明法令。

至秦始皇统一六国后，中国图籍的浩劫才真正来临。焚书坑儒波及全国，六国史书及诸多儒家经典皆被损毁，是图书之一大厄。焚书坑儒始于丞相李斯的建议。秦国以外的史书都应被毁；除了官方可保留儒家典籍，百姓绝对不能私自收藏，只有医药、卜筮和种树之书才能收藏。秦朝为了推行禁书政策还建有严苛的规定：如果有人私自谈论《诗》《书》，将当众处死；如果有人敢以古非今，批判时政，将诛灭全族；如果官吏知情不报，将以同罪处之。当然，即便政令严苛如斯，也有儒生甘愿冒死，想方设法将心爱的书籍藏起来，免得被毁。

汉代秦后，文化昌明，废除秦代的挟书律，并且广征书籍，充实官府藏书，也鼓励民间藏书，藏书逐渐恢复。东汉末年时，曹操挟天子以令诸侯，虽然规定禁兵书和谶纬之书，不过民间还是有人秘密收藏。

从汉至西晋，并未有禁书案发生。直至南北朝时，占星与谶纬图书、佛道两教的图书屡遭禁毁。

古代帝王讲究王者之气，重要活动都要先观星象，甚至帝王还要以星象谶纬之论来获取民心，以真命天子自居，凭借一句“朕应箓受图，君临海内”，便可正大光明地起义造反。一旦谶纬之论被其他人利用，有别的“真命天子”出现，便会影响政权，帝王当然不愿意此类事发生。

在当时，星象并未被视为科学，古人又以占星术观察天象变化，占卜人世吉凶祸福，因此星象天文与占星术被混同，常与谶纬书一起被禁毁。晋武帝司马炎、后赵的石季龙、梁武帝萧衍、北魏孝文帝、北魏孝明帝都曾诏令禁星象书。

佛教自汉代传入中国后，最初只在上层传播，到东晋十六国时，佛教迅速发展，信徒的不断增加产生了一系列社会问题，随之而来的是对佛教的打压。北魏太武帝太平真君七年（446），太武帝拓跋焘大军抵达长安后，其侍从在寺庙中发现一大批弓箭矛盾之类的武器，太武帝愤怒之下下令搜查，从中搜出不少酿酒器具、达官贵人寄存的财物，还发现庙里的地下室藏着女人！如此风气，令太武帝极为恼怒，下令禁毁各地佛像，烧尽佛教藏书，甚至下令："诸有浮屠形象及胡经，皆击破焚烧；沙门无少长，悉坑之！"如此严酷的手段，堪与"焚书坑儒"并论。长安本是译经重地，此次遭殃最为严重，佛经损毁无数。

到了隋代，谶纬之书继续被严格禁止。朝廷不仅搜罗天下书籍，禁毁所有谶纬相关内容，不许民间收藏，就连官府也极少能再见到谶纬书籍。隋朝还禁止私人修史，下令"人间有撰集国史，臧否人物者，皆令禁绝"。这一做法，被后世多位皇帝效仿。

唐朝文化繁荣昌盛，贞观盛世举世闻名，其文化开放与包容程度也屡受称赞，但即使在这样的环境中，禁书之事也未曾消失。贞观年间，有本《三皇经》上写着一段话：“凡诸侯有此文者必为国王，大夫有此文者为人父母，庶人有此文者钱财自聚，妇人有此文者必为皇后。”因语涉妖妄，遂令禁绝。本书原是道士们吃饭的家伙，禁绝之后，便以《道德经》替代。当然，在唐代，依旧有皇帝下令禁止天文图书，阴阳术数之书亦被禁止。至五代时，天文、日历、谶纬、阴阳图书依旧是禁书。

禁书的目的多是为了巩固政权。宋朝开国之后，因赵匡胤是被黄袍加身，凭借军队建国立业的，因此对禁书不怎么上心，所禁止的书籍与五代相同，执行也并不严格。直至宋太祖晚年时，才开始着力禁天文书。宋太宗登基后，禁书之事则严厉起来，卜筮、天文、相术、六壬、遁甲及其他阴阳图书皆不许百姓收藏。

至宋神宗时，出现了一种新的禁书原因——因人禁书，最典型的便是“乌台诗案”之后的禁书。宋神宗在位时，王安石主张变法，司马光等旧派则极力反对，苏轼也曾上书指斥新法弊端。其后苏轼外调为官，期间舞文弄墨，赋诗作文之间难免将自己的一些政见融入进去。后来有人将苏轼的诗文集进呈宋神宗，说他“谤讪”新政，审讯之后，苏轼被判“以官当徒”。然而此事还未结束，宋徽宗即位后，将司马光、苏轼等人称作元祐奸党，大肆打压，焚毁其著作。“苏洵、苏轼、苏辙、黄庭坚、张耒、晁补之、秦观、马涓《文集》、范祖禹《唐鉴》、范镇《东斋纪事》、刘攽《诗话》、僧文莹《湘山野录》等印版，悉行焚毁！”

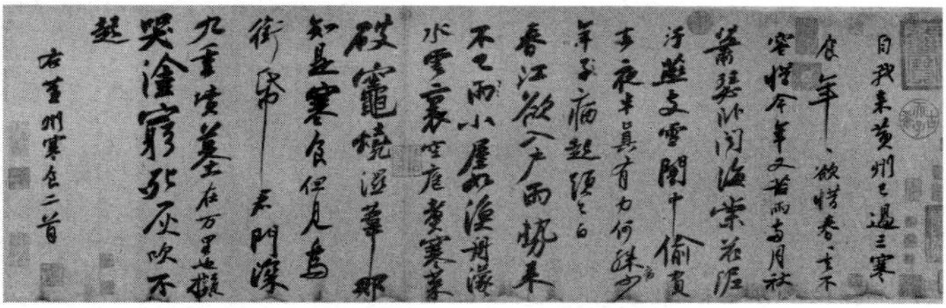

苏轼《黄州寒食帖》，现藏于台北“故宫博物院”，这幅诗作是苏轼因乌台诗案被贬黄州第三年的寒食节所发的人生感叹；其书法亦精，在书法史上影响很大，被称为“天下第三行书”

一道诏书后，字字珠玑的文集，便成禁物，开启了后世文字狱的先河。

宋徽宗之后，诸子百学、议论时政的书、边事军纪相关的书、元祐学术图书等皆是禁书。民间也禁止撰写国史、实录，禁止传习诗赋，禁止以私书报边事，禁止诋孔孟之书，禁止野史，禁书的范围越来越广。

朱元璋建立的朱明王朝以儒家思想治国，常有整治思想异端的禁书活动。明朝文学发展兴盛，小说尤为繁荣，遭禁毁也十分严重。以《剪灯新话》为代表的一批小说被冠以“邪说异端”之罪名，严令焚毁。明代小说中不乏针砭时弊、批判世风的内容，因此被禁的小说数量极多。

当然，宋代禁止过的书籍依旧被禁止，禁书的范围越来越庞杂，文字狱类型的禁书活动亦逐渐增多。到了清代的乾隆时期，文字狱登峰造极。康乾盛世之时，反清复明的旗帜还未倒下，清廷对思想异端的排斥尤为严格，禁书与文字狱屡屡发生。

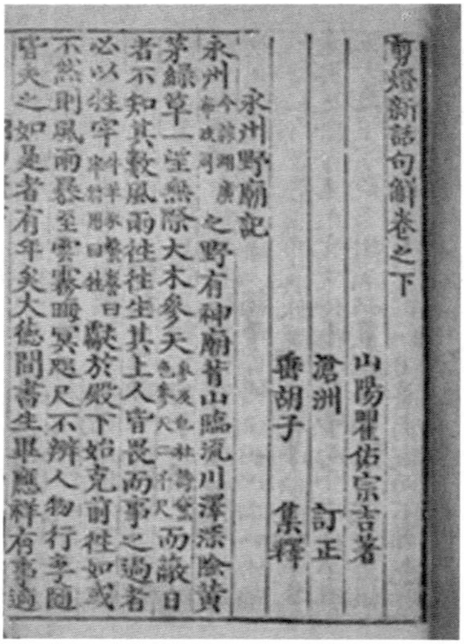
剪燈新話句解卷之下
山陽瞿佑宗吉著
滄洲 訂正
垂胡子 集釋
永州野廟記
永州之野有神廟背山臨流川澤深險黃
茅綠草一望無際大木參天而蔽日
者不知其幾風雨往往生其上人甚畏而事之過者
必以牲牢獻於殿下始克前往如或
不然則風雨暴至雲霧晦冥咫尺不辨人物行李隨
皆失之如是者有年矣大德間書生畢應祥有事過

《剪灯新话》书影

清开国以来的第一件禁书大案在康熙时出现——庄廷龙明史案。前明国相朱国桢曾写了一部《皇明史概》，记述明代史事，已刻印了一半，同时还有一部《明史》尚未刊刻。庄廷龙家境豪富，想做历史学家，便高价求购此书，并请人续写，改名《明书辑略》。书编成后，庄廷龙早亡，其父便刊印此书，作为纪念。后来此书被诬告“奉明朝正朔”，有反清复明的倾向，清廷随后严加查究，庄家子孙年十五岁以上均斩，妻女及子侄十五岁以下发配沈阳给披甲人为奴。此案入狱者两千余人，审讯后定死刑七十多人，十八人被凌迟处死。清代禁异端思想书之严酷，可见一斑。

雍正、乾隆皆子承父志，大兴文字狱。雍正时发生与庄廷龙明史案相似的吕留良案后，十余种书籍被禁毁。乾隆在位期间共发生一百三十余案，其中多数案犯被处以死刑，文字狱之多，在中国历史上空前绝后，其中许多案件还是牵强附会、捕风捉影而起。

文字狱之外，乾隆最大规模的禁书则发生在编修《四库全书》时。《四库全书》的价值举世皆知，乾隆当然功不可没，然而丛书编成的同时，亦有无数书籍被禁毁，再无传本。乾隆一方面向天下求书，鼓励并嘉奖积极献书者，另一方面，则对其中有违碍者进行毁坏或篡改。所谓“违碍者”，主要是文字中透出对清廷统治的不满、会引起人们对明朝的好感或怀旧、与程朱理学不符、作者或书中所涉人物有问题的书，即便书中一字一句有问题，也会销毁整部著作！

有学者统计，《四库全书》编写的过程中，被销毁的书籍数量是《四库全书》的四分之三，《四库全书》中存留的有些内容还被篡改过。从这一角度来看，《四库全书》的编写实在是文化史上的一场浩劫。

除了延续前朝禁书的类型、制造文字狱、编修《四库全书》以禁书，清廷还禁毁了大量的小说戏曲，以端人心、正风俗。

明清时期是中国小说史上的繁荣时期，然而小说中一旦有内容触及统治者的禁忌，便被冠以“小说淫词，荒唐俚鄙，殊非正理，不但诱惑愚民，即缙绅士子，未免游目而蛊心焉”之名，严令禁止。这种禁令愈演愈烈，同治七年时是禁止“邪说传奇”，到了同治十年，就禁止“坊本小说”。这种政令下，几乎所有小说都成了禁书，而传世名著《水浒传》《西厢记》《牡丹亭》《红楼梦》等皆在被禁之列。

第三章，十记

藏书家读书、爱书、藏书，往往在为书籍辛苦奔波后有所心得。于是便有藏书家与友人交流，共同探讨方法；也有藏书家专门著书立说，对自己的经验方法进行总结；还有藏书家会在文集中记录藏书中经历的种种故事。后人读书至此，或有同感而会心一笑；或是以此为鉴，避开隐患；或可借鉴这些方法，以此为指路明灯，让藏书更为顺利。

一、购置

私家藏书的来源多种多样，除了大规模购买另一家的藏书或收到大批赠书等方式外，多数图书是由藏书家经过数十年的不断访求，点滴积累而成。很多藏书家为访求珍本而费尽心神，却也乐在其中。种种辛酸甘苦的经验，让藏书家们总结出了不少购置书籍的方法。

宋代的郑樵在其《通志·校雠略》中提到了求书的方法："求书之道有八：一曰即类以求，二曰旁类以求，三曰因地以求，四曰因家以求，五曰求之公，六曰求之私，七曰因人以求，八曰因代以求，当不一于所求也。"这八种方法又可归结为四类：

第一种是按照图书或者藏书家的类别来访求图书，有即类以求和旁类以求两种。例如在访求目录学类的书籍时，可顺带访求校勘学相关的书籍。

第二种是按照地域和人物如藏书大家、藏书世家访求图书，有因地以求和因家以求两种。例如完整地搜集某地方的史料、与本地相关的书籍、本地人物撰写出版的书籍等。

第三种是按照藏书的性质和藏书处所访求图书，有求之公（官府藏书）和求之私（民间藏书）两种。官府藏书较为全面地收集了历代书籍，只要不经兵火，其书必有存者。而私人藏书家星罗棋布，其藏书中不乏孤本要典，有些甚至是官府藏书都没有的，藏书家之间互相借阅、抄写便是求之私的方式之一。

第四种是按照图书的流传情况访求，有因人以求和因代以求两种。因人以求是说某人有名家的旧藏，后藏品流传到别处，访求时可以此人为线索查访藏书；因代以求则是根据文献中的人物、事件所处的时代进行查询。

澹生堂藏書約
山陰密士祁承㸁著
余十齡背先君子時從習句讀而心竊慕古通奉公在
仕二十餘年有遺書五七架庋臥樓上余每入樓啟鑰
取觀閱之尚不能舉其義然披籍摩挲龐童子之所喜
吸笙搖鼓者弗樂于此也先孺人每促之就餐移時不
下樓縲之以訶責終戀戀不能舍比束髮就塾即內子
奩中物悉以供市書之值時文士競尚秦漢語爲比耦
益沾沾自喜每至童子試不前亦夷然不屑也及舞象

《澹生堂藏书约》书影

在郑樵之后，又有人对于书籍的访求购置方法进行归纳。明代祁承爜的《澹生堂藏书约》中有一篇《藏书训略》，讲到购书时便说，“夫购书无他术，眼界欲宽，精神欲注，而心思欲巧”。

眼界欲宽是说要熟知历代书目和藏书情况，同时不可鼠目寸光，不能因为有一点藏书而自命博雅，沾沾自喜。古往今来，藏书破万卷的人不胜枚举，很多人对藏书的追求永无止境，散尽家财以求书，终其一生专注藏书，方能有所成就。祁承爜在文中举了几个例子，如荆南之田氏藏书三万卷；郑子敬家的藏书依阮孝绪《七录》搜集；宋濂在青萝山中读书时，便已聚书万卷；杨仪部嗜书成癖，为了购书而致晚年赤贫，仍乐此不疲；婺州的胡元瑞，即胡应麟，乃是一名布衣，而藏书达四万卷之多。上述种种，皆表明旷然宇宙，自有大观，绝不可故步自封。

精神欲注则与爱书成癖有相通之处，没有偏嗜，便难成绝技，还应革除其他嗜好，方能专注藏书。心思欲巧则是说访求藏书的方法了。联系郑樵的藏书八法便知，不可拘束旧制，而应灵活多变地求书。例如可用一个集子记录关于其他书籍的序、刊刻时间，以及与该书相关的人等信息，访求时便能以此为线索，知道往何处或何人处可以求得此书。

在孙庆增的《藏书纪要》中也记录了购置图书的方法，他觉得“购求书籍，是最难事，亦最美事、最韵事、最乐事”。可以看出，他十分享受访书的过程，而书籍则是天下至宝。纵然有访书六难，但从坊间书肆寻得珍籍善本，不惜典当衣物，以重金求购，然后装订起来，置于案头，手烧妙香，口吃苦茶，然后开卷读之，乃是韵事！

书海漫漫，许多人在收集藏书之初不知该如何下手，清人叶德辉在其《藏书十约》中细化了访书的步骤：置书先经部，次史部，次丛书。而在经部之中，先购置十三经，史部之中，先购置二十四史，丛书则先购置种类多、校刻精良的书籍。循序渐进，古今四部之书，便可渐渐收藏完备。

知识链接：

访书六难

孙庆增在《藏书纪要》中提出了访书时常遇到的六种难题：“知有是书而无力购求，一难也；力足以求之矣，而所好不在是，二难也；知好之而求之矣，而必于较其值之多寡大小焉，遂致坐失于一时，不能复购于异日，三难也；不能搜之于书佣，不能求之于旧家，四难也；但知近求，不能远购，五难也；不知鉴识真伪、检点卷数、辨论字纸，贸贸购求，每多缺轶，终无善本，六难也。

二、鉴别

《读书志》中说："大约觅书如觅古董，必须先具赏鉴，乃可称收藏家。若只云漫尔收藏，则箧中十九皆赝物矣，虽多奚为?"这是藏书家的共识，想要收藏精良的图书，必先精通鉴别之道。而要鉴别书籍，知道书籍是否值得收藏、是真是假，必先通晓书目。根据各种书目，可以知道古代的书是存是亡，便可将伪作、张冠李戴的书都剔除在外。

鉴别书籍时应掌握哪些信息呢？要知道这本书是何朝何地的何人著作的，在何时刊刻，何人刊刻，何人抄录，何人底本，何人收藏，怎样的书是宋元刻本，怎样的书是宋元精旧抄本等。辨别图书版本，则需对刻书有较多的了解。例如藏书家奉为珍宝的宋版书刻印精细，用纸用墨皆十分精秀，北宋图书多为单边，早年多用欧阳询字体，后用颜真卿体和柳公权体，书籍主要是蝴蝶装。外形而外，书籍的序跋、避讳牌记，刻书机构，刻工，作者职官、衔名、尊号、称谓、郡望，其他藏书家的藏书印记、题跋和批语等也会用来判定版本。

藏书家要择优而藏，需熟知每个刊刻者所刻书是否精良。例如宋代刻书有蜀本、太平本、临安书棚本、书院刻本、各家私刻本、御刻本、盐茶本等诸多类型，其中以蜀本、临安本、御刻本最为珍贵。

具体判断哪些书应入藏，哪些书并不值得入藏的方法，在《藏书训略》中有较为详细的解释："藏书之要在识鉴，而识鉴所用者在审轻重、辨真伪、核名实、权缓急而别品类，如此而已。"

"审轻重"是说要能衡量藏书的轻重。一般而言，书籍越古老就越有收藏的价值，因此收藏几本宋代书不如收藏一两本唐代书，汉与六朝之书、三代之书则更是珍贵。越是难以保存，流传下来的越是珍贵，因此宋刻本书籍流传下来的就十分珍贵，其中没有经过翻刻或者翻刻了但不全的，也应珍重之。书籍根据内容也有轻重之分。经部之书自然是贵重的，史部、子部、集部则稍逊，因此藏近代的史书不如藏流传的经部书，藏数千本小说，不如藏汉唐之实录。这是从图书本身的价值出发进行判断的，如果涉及个人的兴趣爱好，则另当别论。

"辨真伪"是指辨别书籍的真伪。伪造图书的方法和动机多种多样，有人假借古人之名或古代典籍之名伪作图书以求取利益；有人因为厌恶憎恨别人，伪作图书进行坑害或诬陷；有些是因著书人知识所限而出现错误，无意中出现伪作等。除了内容伪造，还有版本伪造。因宋本珍贵，便有人伪造宋本以求利益，鉴别宋本时，需看其纸色、罗纹、墨气、字画、行款、忌讳字、单边等。

“核名实”是说核定书籍的名称与内容。书籍流传上千年，同一本书可能会流传出不同的名称，例如颜师古的《南部烟花录》与《大业拾遗记》是同一本书。也有不同的书籍采用相同的名称，或是书籍名亡实存。例如《资治通鉴》先有丛目、后有长编，其后删减成书，《资治通鉴》流传之后，丛目、长编之名消失，但内容依旧承载于《资治通鉴》之中。若仅仅按照名称来访求书籍，很可能找不到原书，或者找到的只是同名的其他书籍。因此若要收藏正确的书，不虚耗气力，就需要核定名实。

“权缓急”是说不必讲求“博洽”，要注重“实用”，分清轻重缓急，按照先经后史，然后子、集等次序收集图书。在史中，又以正史为急，霸史、杂史为缓。

“别品类”是说对图书进行准确分类。将图书区别品流，从刘向父子的《七略》开始，将书籍分为辑、六艺、诸子、诗赋、兵书、术数、方技等类，其后班固等人在《汉书·艺文志》中参考沿袭此分类方法。后魏秘书郎郑默著作《中经》，西晋秘书监荀勖根据《中经》而著《新簿》，将群书分为四类：甲部，记六艺及小学等书；乙部，有古诸子家、近世子家、兵书、兵家、术数；丙部，有史记、旧事、皇览簿、杂事；丁部，有诗赋、图赞、汲冢书。后来还有七分、九分等方法，到《隋书·经籍志》将图书分为经、史、子、集四类。清代《四库全书》是传统图书分类法的集大成者。

三、装潢

书籍的装潢，即今所谓装订、装帧，是对书稿的用料、制作等方面进行艺术和工艺的设计，在基本装帧基础上，又增加艺术性，使得书籍精美、耐用并易于保存。装潢的目的，一是为保护书籍，二是为审美。在宗教中，书籍的装帧还蕴含着对经书的敬重。

在简帛时代，竹简和帛书的装潢形式较为简单。纸质书出现后，册页制度开始使用，先后出现经折装、旋风装、龙鳞装、蝴蝶装、包背装、线装等多种形式，而爱书成癖的藏书家们对书籍的用纸、装订、书函等都十分重视。

藏书家对所得图书精心地进行装潢修复，多是为了审美，让书籍更为精美可观，或朴素整齐，或富丽堂皇，只看藏书家的喜好。审美之外，装潢的另一目的，是让书籍更为坚固耐藏，令其不受蠹虫之害。制作坚固的书函保护书页不破损，也是出于一片爱书之心。

被藏书家奉为珍宝的古籍珍本，经辗转流传，书页难免脆弱破损，何况有些书经过战火烽烟，或被虫被火所害，除非始终被精心保护，否则必然破旧。

叶德辉在《藏书十约》中说：“书不装潢，则破页断线，触手可厌。”若花费重金购得珍本书籍，但触目却是破旧残损的书页，心中难免遗憾，于是便小心装饰修复，其目的不在华丽，只在坚致整齐。

当然，还有人将书籍作为艺术品进行装饰，力求精美整洁。根据藏书家对书籍的珍爱程度，有精装与简装之分。精装之书要用上好的绢帛、纸张，还会有考究的装饰，如王羲之在绢帛上写字后，会用珊瑚装饰轴头，再次的用玳瑁、旃檀等来装饰，亦是精美异常。

书籍之外，书函、牙签、书架、书桌，乃至书架上的各项小器物，皆可精心装饰。明代的祁彪佳用数十张朱红小榻代替书橱，上面放了青碧色的封套书函，书函的牙签则用玉色。室内朱榻、碧函、玉色牙签零落堆叠摆放，内有翰墨书香，实为赏心乐事！开卷读书时，也犹如把玩艺术品，精美可爱。

民间装饰尚且如此，更遑论皇宫富贵。皇室藏书的装饰更为精美整齐。《隋书·经籍志》记载，隋炀帝在位时，秘阁的藏书上品用红琉璃轴，中品用绀琉璃轴，下品用漆轴，上万卷书籍整齐摆放，红青交映，蔚为壮观。而在唐代，四部库书的装帧更为美观，书籍皆用益州麻纸写成。而集贤院的御书装帧则更是精细美观，且类别分明：

> 经库皆钿白牙轴，黄缥带，红牙签；史库钿青牙轴，缥带，绿牙签；子库皆雕紫檀轴，紫带，碧牙签；集库皆绿牙轴，朱带，白牙签。

图书装帧整齐美观后，还需有爱书之心，方能保持其始终如一，不受损害。元代的赵孟頫是宋太祖十一世孙，家富藏书，他极为珍爱书籍，教育子孙读书时“勿卷脑，勿折角，勿以爪侵字，勿以唾揭幅，勿以作枕，勿以夹刺，随损随修，随开随掩”。秉持这样的理念爱护图书，则书籍崭新如初，时刻令人愉悦。

当然，书籍的装潢还需考虑保存环境。北方干燥，南方潮湿，所以一切用料及装帧形式皆须斟酌。北方干燥，会为书包角，用纸糊布匣，但南方多雨潮湿，包角不透风，很容易生虫，糊气三五年尚在，会引来老鼠啃噬。书函用材也要讲究，叶德辉在《藏书十约》中总结经验和教训：

> 夹板以梓木、楠木为贵，不生虫，不走性，其质坚而轻。花梨、枣木次之，微嫌其重。其他皆不可用。二十年前，余书夹多用樟木，至今生粉虫，

无一部不更换，始悔当时考究之未精。

这样的事自然是要引以为戒的。若辛勤装帧保存，结果因书函用材不当而毁了图书，则悔之不及！

普通图书的装帧是为了更加精美坚固，宗教藏书的装帧则蕴含着对经书的敬重。如同宫廷建筑的装饰要按照规制执行一样，道教对于经书的装裹、经函、经橱、经架也都有规格和要求：

经书装裹有五种：一者锦绮、二者织成、三者绣作、四者纯彩、五者画绘，用带子缚好，题上经名；经函有十二种：一者雕玉、二者纯金、三者纯银、四者金缕、五者银缕、六者纯漆、七者木画、八者彩画、九者金饰、十者宝装、十一者石作、十二者铁作；经橱有六种：一者宝装、二者香饰、三者金银隐起、四者纯漆、五者纯檀、六者名木；经架有十种：一者玉作、二者金作、三者银作、四者沉木、五者紫檀、六者白檀、七者黄檀、八者名木、九者纯漆、十者金银隐起。

不同的经书，须用不同规格的装帧及书架，非常讲究。

知识链接：

益州麻纸

唐代的益州属剑南道，后改为蜀郡，即今日之成都。蜀纸乃是皇家贡品，益州麻纸是其中非常有名的一种。它是以麻作为造纸的原材料，精制而成，有黄白二色。特别是黄麻纸，其中加了专门药剂，可以避免蠹虫而长期存放。唐代宫廷与官府皆用益州麻纸书写公文、抄写两京所藏的四部书籍，民间亦以此纸为上品。史书记载，唐玄宗时“太府月给蜀郡麻纸五千番”，仅此一项便有如此需求，可想整个官府对益州麻纸的需求有多大。每年大批的麻纸运往长安、洛阳，往往供不应求。

四、陈列

书籍的陈列，是为了取阅、归置图书更为方便，同时也要考虑到美观整齐，因此需要根据书籍的内容、尺寸等多种因素考虑如何陈列书籍。

根据书架的规格高低摆放不同尺寸、不同颜色装帧的书籍较为简单易行，藏书家多有经验流传。例如《藏书十约》中就记载了叶德辉的做法："单本一二卷者，袖珍巾箱长不及五寸，大本过尺许者，以别橱庋之。"小本单放，大本另存，既整洁美观，也有利于书架空间的利用。更精细的，若是用来存放单本和小本的书橱，则各格子之间以竖板隔开，其宽窄不一，视需求而定，其间再放置横隔，以免图书堆叠过多。书架的高度也有讲究，应以人取阅方便为宜。

黑漆嵌螺钿山水花卉纹书架，

清康熙年间制，清宫旧藏

以书籍内容陈列则较为烦琐，与现代的图书分类方法相似，最简洁直观的是分为经、史、子、集四部，丛书为一类，宋元旧刻、精校名抄别为一类。四部之下，还可细分小类，小类内的图书再以年代、作者来排序，组成完成的体系。对于藏书数量极多、内容极为庞杂的藏书家而言，这种方法较适用。

并非所有的藏书家的图书都适宜用书籍内容来分类。有些藏书家专注某一类、某一种图书的收藏，甚至致力于收藏与某人相关的图书，则陈列方法更为灵活可变，作者、刻书时间、刻书机构、成书地点等皆可作为分类标准。例如有人专事收藏地方典籍，则可不必因循书籍内容的分类，而先以地方为标准，各省、各郡邑文献分类陈列。

分类方法的排序会直接影响到书籍的排序。例如对于国史，可按照时代和内容来划分。若先取时代，则所有《汉书》陈列在一起，所有《隋书》陈列在一起，其他各朝亦然。若以内容划分，则各朝各代的《艺文志》或《经籍志》可陈列在一起，各代的风俗史志又可一起陈列，其书籍的摆放格局，与前一种迥然不同，但都不影响使用。

是以书籍的陈列、分类方法可约定俗成，而无必然之说。对于藏书规模较小的藏书家而言，沿用四部分类方法固然可行，但符合自身习惯的陈列方法才是最佳的选择。在明确、有条理的分类体系下，同类图书可陈列在一起，选书、找资料都极为方便。若能编制藏书目录，将所藏书籍的基本信息及在书橱中的位置加以详细记录，则书籍不论是取阅抑或散失，都有据可查。

五、抄补与传录

抄补和传录亦可称为抄录，是积累图书的重要方法。“抄”“录”同义；“补”字是说对于一些缺页漏字，甚至短卷的旧书，根据相同的刻本、影本配补齐全；“传”字则侧重藏书家之间互通有无，所藏书籍相互流传抄写。

藏书家除了通过精心购置善本、精本积累藏书外，还会利用抄补与传录之法聚书，尤其是一些珍本书籍，藏书家未必有能力求购原书，抄录则不只能满足藏书心愿，也能保存珍本书籍的内容。孙庆增在《藏书纪要》中说，“书之所以贵钞录者，以其便于诵读也。历代好学之士皆用此法，所以有刻本又有钞本、有底本。底本便于改正，钞本定其字划，于是钞录之书比之刊刻者更贵且重焉。况书籍中之秘本为当世所罕见者，非钞录则不可得”。

抄录所得的书籍，其装帧、内容较刻本书籍更为精良，且抄录者若书法上佳，则所抄图书便可成艺术珍品。王羲之等人亲笔所抄书籍在唐代被奉为珍宝，与其书法价值密不可分。无论书籍抄自何人之手，其用纸用墨皆颇为讲究，因此抄本书历来被藏书之家奉为至宝："古人稿本，字虽草率，而笔法高雅，纸墨图章色色俱真，自当为希世之宝。"

宋代抄本书最少，其字画墨气古雅，而纸色罗纹亦有讲究，元抄本亦然。至明代，雕版印刷盛行的同时，抄本书也极多，其校勘、用纸、用墨皆各有讲究，胜过颇多讹误的南北两监本。

历代学者多有好抄书者，例如黄宗羲一生辛勤抄录图书，藏书楼名"续钞堂"。著名私人藏书楼中，多有手抄本书籍。清代的朱彝尊酷喜书籍，他因偷偷抄写史馆的藏书而被贬官，事后写诗道："夺侬七品官，写我万卷书。或默或语，孰智孰愚。"一时间传为趣闻。

抄补之中，"补"字极为重要，也须慎而重之。抄补时选同刻之本或影抄书籍，若无同本，则取别本，实在不行，还可用百衲本。抄书后需反复校正，所谓"己抄之书，则人校之。人抄之书，则己校之"，经多人确认无误方可。否则抄而不校，校而不精，若有一字讹误，则后患多矣。反不如任其短缺，也不至鱼目混珠，误导后人。

书籍的传录，也是为了抄写。明清以来，抄书之风大盛。然而藏书家大多嗜书如命，对千辛万苦求来的书籍爱若珍宝，尤其是花费重金求购的一些珍本秘籍，更是秘而不宣，绨绵为衣，旃檀作室，珍重收藏。为防止书籍破损，藏书极少外借，只有密友之间才能互相传阅，且在“独我一家的孤本最为珍贵”的观念下，藏书家也不愿意让人抄写此书副本，想要传录则更为难得。

清代的曹溶有感于此而作了《流通古书约》，提出互通有无、相互传录的方法，即“彼此藏书家，各就观目录，标出所缺者，先经注，次史逸，次文集，次杂说。视所著门类同、时代先后同、卷帙多寡同，约定有无相易，则主人自命门下之役，精工缮写，较对无误，一两月间，各齐所钞互换”。如此一来，珍贵的图书不必出户，互相抄写也能使古籍得以保存、流传，且能丰富各自的藏书。这个想法在当时自然是有点理想化了，但其积极的观念却值得赞赏。

当然，明清以来，并非所有人都将书籍藏之高阁，秘不示人，各藏书家，尤其是结交甚好的友人之间，会彼此借阅图书。也有人雇佣别人抄书流通，当时有不少读书人是以抄书为生的。更有些思想开明的藏书者，会允许附近学子取阅抄录自家藏书。清代的宋咸熙有一首《借书诗》：“金石之物亦易泐，况兹柔翰历多年。能钞副本亟流播，劫火来时庶不湮。翳予老病子犹痴，过眼云烟看几时。浊酒一瓻何用报，先公泉下亦怡怡。”诗序中则表明了他开放抄录的态度：

> 藏书家每得秘册，不轻示人，传之子孙，未尽能守。或守而鼠伤虫蚀，往往残缺，无怪古本之日就湮没也。先君子藏书甚富，生时借钞不吝，熙遵先志，愿借于人，有博雅好古者，竟持赠之。作此以示同志。

这样开明的藏书家虽不多，却值得肯定。至《四库全书》编成后，乾隆将南三阁开放给江南学子，任其抄录图书，造福良多。

知识链接：

百衲本

衲，原义为补缀。百衲则形容补缀数量之多，原指僧衣，后指代用多个材料集成完整物的方式。百衲本是个借喻的称谓，是指用同一种书的不同版片拼印或拼配起来的书本。百衲本书始自清初的宋荦，他用两种宋本和三种元本配成一部八十卷的《史记》，称作《百衲本史记》，后来傅增湘用几种宋本拼成一部《资治通鉴》，称作《百衲本资治通鉴》。

六、校勘

书籍经历代手传抄写或大规模刊刻，大多数书都会有讹误，即所谓“无错不成书”。藏书家爱书、读书，自然不愿书籍的错误一直流传，因此大多数藏书家都会欣然校书，花费数年工夫，埋首书堆，精心校勘，细究每一处错误。如明代的赵用贤为校正《洛阳伽蓝记》而花费八年光阴，共改正讹误、增补遗漏八百六十字。

藏书家校书，大多乐在其中，叶德辉提出校勘有八大好处：

其一，“习静养心，除烦断欲，独居无俚，万虑俱消”。独自埋首书斋，只以文字为事，而不理会凡尘琐事，更无忧虑缠身，何等逍遥。

其二，“有功古人，津逮后学，奇文独赏，疑窦忽开”。校勘一部书，是为此书流传时不再有错误，这自是有功于后世，亦不愧古人著书之苦。

其三，“日日翻检，不生潮霉，蠹鱼蛀虫，应手拂去”。书籍怕潮怕虫，大多蠹虫是因长年不动而逐渐生出，藏书家每年晒书便是为防止虫患。若能日日翻检图书，何愁生虫受潮？

其四，“校成一书，传之后世，我之名字，附骥以行”。校书之功，未必逊于著书之功，若能青册留名，万古流芳，也不负皓首穷经之苦。

其五，“中年善忘，恒苦搜索，一经手校，可阅数年”。校勘一部书，便会对其内容及相关的书籍来回翻阅，熟悉至极，于藏书家而言，也是美事。

其六，“典制名物，记问日增，类事撰文，俯拾即是”。校勘的收获不只在于结果，还在于其过程中翻阅书籍所得的收获。为定一字之正误，需了解当时典制名物以及种种社会环境风俗，乃至皇帝避讳、惯用语等皆须牢记，一部书校勘下来，藏书家的收获便极为丰富了。

其七，“长夏破睡，严冬御寒，废寝忘食，难境易过”。自古专心校书、废寝忘食的，大有人在，逆境苦难之中，以此为支撑，便可稍忘苦楚。譬如曹雪芹呕心沥血，为一部《红楼梦》而批阅十载。校书与著书相似，废寝忘食、精心校书之时，岂有空暇考虑他事？逆境之中，以书为伴，更易度过。

其八，“校书日多，源流益习，出门采访，如马识途”。古来校书家多为藏书家，为访求图书，藏书家有种种辛酸体验。为得一部珍本，需要追本溯源、熟悉版本流传。校书时对此了如指掌，访求图书自然如鱼得水。

校勘图书自然是功莫大焉之事，但若非博古好学之士，却也难以将整本书校勘得了无遗误，因此常有三五好友相聚，共同探讨校勘，一时传为佳话。

北齐佚名《校书图卷》（宋摹本），现藏于美国波士顿美术馆，画的是北齐天保七年（556）文宣帝高洋命人校勘五经诸史的故事

书籍的校勘也有死校与活校之分。死校就是用同一书的各种版本相互对照校勘。选较好的本子作底本，各本若有不同，则在旁批注，顾广圻、黄丕烈所校之书，大多如此。活校则是没有祖本可作为依据，根据各个版本来判断应以哪个版本为准。若多个版本各自不同、无法定论时，以道理定是非，根据自身学识来判断此处应为何字。

这种校勘方法最难，也很容易出现错误。

一旦校正时发现有所不同，既可用纸条注明，也可直接涂抹更正。若书籍本身十分贵重，不可随意涂抹，可将改正的字句写在纸条上，再粘贴在讹误之处。部分图书校勘时可直接加以改正。古代用雌黄校书，因当时纸色偏黄，雌黄与纸张颜色相同，涂抹无痕迹，信口雌黄之说，就是来自于此。其后用白纸刊刻书籍，则用白色涂抹，后来又用淡青色青田石磨细，再和胶做成锭子，涂抹更为方便，与今日之涂改液同效。

许多藏书家为校勘书籍而耗费一生，精于校勘，成就极高，青史留名。如西汉的刘向、刘歆父子校理群籍，奠定了校勘学的基础；东汉郑玄遍注群经，删繁裁芜、刊改漏失；唐代陆德明的《经典释文》是他给《周易》《毛诗》《周礼》等十四种经典作的释文，同时对各家传本的文字异同作校勘，流传至今；宋代的赵明诚、宋祁、沈括皆是校勘名家，而郑樵则贡献卓著，所作《通志·校雠略》更是推动了校雠学的发展；至清代，校勘学发展至鼎盛，藏书名家中多有校勘名家，张之洞的《书目答问》中所列的就有三十多人，如何焯、全祖望、钱大昭、周永年、戴震、鲍廷博、黄丕烈、顾广圻等皆精于校勘，贡献极大。

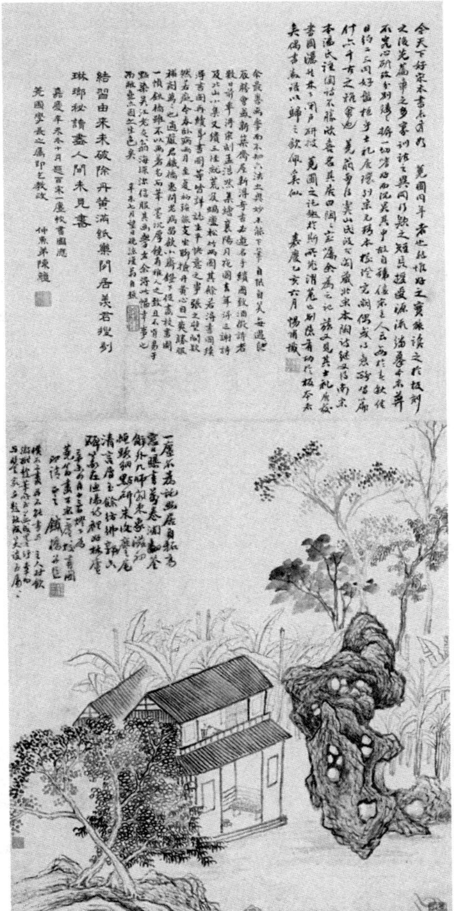

《百宋一廛校书图》，严可均绘，画的是黄丕烈端坐于百宋一廛中校书的场景

七、题跋

“题”是指写在字画、书籍、碑帖等前面的文字，“跋”是指写在字画、书籍、碑帖等后面的文字，总称题跋，其内容多为品评、鉴赏、考订、记事等。字画的题跋不拘形式，可表明书画家的年龄、籍贯、作画时间、得画者信息，也可涉及天文地理、人士习俗等相关的任何内容，或是为其题诗，写画家的心绪感触及见闻趣事，不拘一格。书籍的题跋可由作者本人书写或友人书写，其后书籍流传，若有人收藏品读或是考证，便可再写题跋，因此题跋也是考证书籍版本的一个重要依据。

叶德辉认为“凡书经校过及新得异本，必系以题跋，方为不负此书”。题跋的内容十分宽泛。可以写书籍本身的内容，总述本身的思想内容，有提纲挈领、指导人阅读之效。也可考究其抄刻源流，一本古书流传数代，必经多位藏书家之手，这其中又有无数典雅逸事流传，考究源流，既可佐证书籍的版本流传，亦可记录书籍之命途跌宕。也可记述与作者相关的内容，记录其时代、仕履及书籍的成书年月，有些书的作者在当时默默无名，直至后世才被人推崇，藏书家为其写题跋时，则须全面考证其生卒年及事迹，乃至成书的原因、经过等，其一是方便后人考证此书，其二也是对作者的尊敬。

历代藏书家多有为藏书写题跋的习惯，或是为某些钟爱、有价值的书籍写题跋，或是系统地为所有的藏书作题跋，并辑录成书。若是后者，则这部书的价值便会极高。宋代晁公武的《郡斋读书志》、陈振孙的《直斋书录解题》等皆是如此。

《郡斋读书志》是一本价值极高的著作，其作者晁公武是宋代的目录学家，该书是晁公武对其藏书的总结。他在校订图书后，便“撮其大旨论之”，为每本书撰写提要，包括书名释义、篇目、篇数及编次、已有的序跋和附录、前代书目对其进行的著录、著作体例等，并考证其版本情况，辨伪与考订，注明书籍的版本、卷数及作者生平事迹。书中收录了一千四百九十二部书籍，基本涵盖了宋以前的重要典籍。全书以经、史、子、集四部划分，各部下有小类。整部书有总序，每部有大序，类前有小序，每书还有题解，目录颇为完备。

后世以题跋辑录成书，对《郡斋读书志》多有引用参考，《四库全书总目》中也对其有引用。

各藏书家也纷纷编纂自己藏书的题跋，如拜经楼、铁琴铜剑楼、天一阁等都有其题跋记。

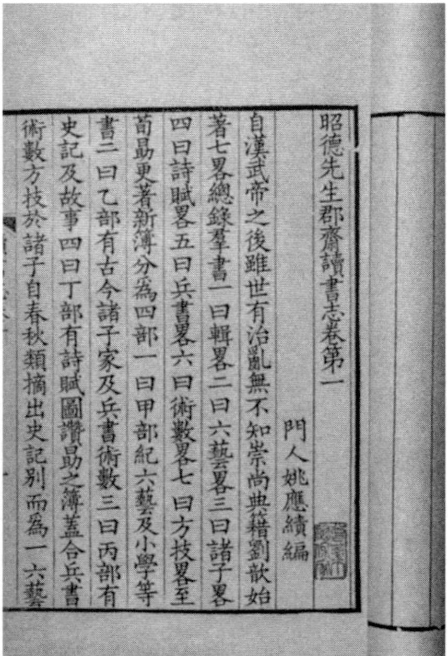

昭德先生郡齋讀書志卷第一

門人姚應績編

自漢武帝之後雖世有治亂無不知崇尚典籍劉歆始
著七畧總錄羣書一曰輯畧二曰六藝畧三曰諸子畧
四曰詩賦畧五曰兵書畧六曰術數畧七曰方技畧至
荀勗更著新簿分爲四部一曰甲部紀六藝及小學等
書二曰乙部有古今諸子家及兵書術數三曰丙部有
史記及故事四曰丁部有詩賦圖讚勗之簿蓋合兵書
術數方技於諸子自春秋類摘出史記別而爲一六藝

《郡斋读书志》书影

八、收藏

收藏并妥善保存是藏书之要事，主要涉及藏书楼的建筑以及室内的布局安排、书架的选用、防火防虫防潮的措施。

藏书楼的建设，一方面要考虑美观整洁，与周围风景相契合，营造优美环境，同时也须将防火措施纳入考虑。历代藏书家对藏书楼建设多有探索，范氏天一阁的构建无疑为之提供了极好的范例。

《藏书经要》曰："古有石仓，藏书最好，可无火患，而且坚久，今亦鲜能为之。"造金匮石室藏书自然最好，然而对于大多数藏书家而言，仍旧须以木材建筑。在建筑上，应当高墙别苑，与住宅相远，以避免火患，附近最好有池水，引湿就下，潮气不入书楼。当然，这只是理想中的书楼，对许多藏书家而言，未必有足够的财力支撑，是以很多藏书室是与住宅毗邻的。

藏书室内则要求宽敞、整洁、干净，杜绝一切烟火，其书柜用材等皆有讲究，《藏书纪要》中详细记录了作者的经验：

书柜用江西杉木，或川柏、银杏木为之，紫檀、花梨小木易于泛潮，不可用。书柜上可制作封书式，朴素精雅，可请名家写诗句刻于柜门上，用白铜包角，书柜的装订以雅为主。书室应窗小棂大，楼门坚实，锁要紧密。钥匙上可挂小方牌，一面写“经、史、子、集、释、道”等分类信息，另一面写“宋刻、元刻、明刻、旧抄、精抄、新抄”等版本信息。

书楼四面的窗棂还是要透风的。为避免潮气不能散开而发霉，所以要时常开窗通风。窗口风大，书架和书柜便不能放在近窗并壁之处。当然图书收藏完毕，不能始终束之高阁，须时常检点查看，检查是否发霉生虫，并时常曝书。

古人有曝书会等风俗，各地时间不同，除了曝书会这一日外，平时也须注意书籍的晾晒。春夏之交应时时清理，以防潮湿，四五月的梅雨天气，最好封闭书橱，尽量让图书少受潮气。防潮而外，防虫也是十分必要的，如芸香草、石灰等皆可防虫，在第二章第三节中有详细介绍。

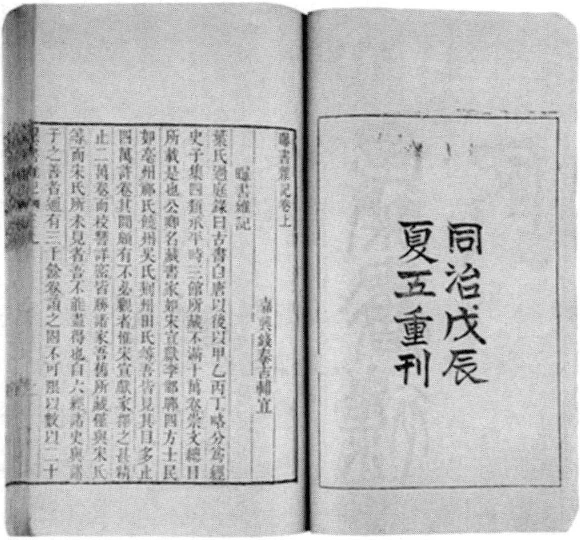

《曝书杂记》书影

书楼的日常管理也极为重要，若有规章制度，则须严格按制度进行。灯烛字篓等引火之物，不可相近，食物碎屑易引鼠生虫，也应打扫干净。图书在书架排列整齐，翻阅后应尽快检收，免得凌乱。

至于图书是否能借与他人，则是仁者见仁、智者见智。譬如叶德辉为保护图书，在《藏书十约》中写道：“非有书可以互抄之友，不轻借抄。非真同志著书之人，不轻借阅。舟车行笥，其书无副本者，不得轻携。远客来观，一主一宾，一书童相随，仆从不得丛入藏书之室。”写出这样的规定，也是有前车之鉴的：“魏源借友人书，则裁割其应抄者，以原书见还，日久始觉。”这样的行为，不仅大伤雅道，也会损害书籍，难怪藏书家不肯轻易出借书籍。

当然，也有人愿意将书出借使用，甚至开放供士子借阅，认为藏书之“藏”，并非秘而不宣、奉若珍宝，而应寓用于藏，其最终目的，还是为了利用。为此，即使书籍遭到损害也在所不惜。当然，用的同时要爱护图书，防潮、防虫也是必需的。

九、印记

藏书家多对书籍本身情有独钟，读书爱书，以书为宝，以书为傲，每得可以珍藏的书籍便会钤上一枚藏书印，既赏心悦目也可寄托心绪情趣。书籍若能流传后世，藏书印还可作为版本考证的依据，甚至有些书还会因藏书印而身价飞升。宋本《孔子家语》以有苏东坡折角玉印，其书遂价值连城。一本书若流传数百年，上面便会钤印极多，这也是书籍价值的一种体现。

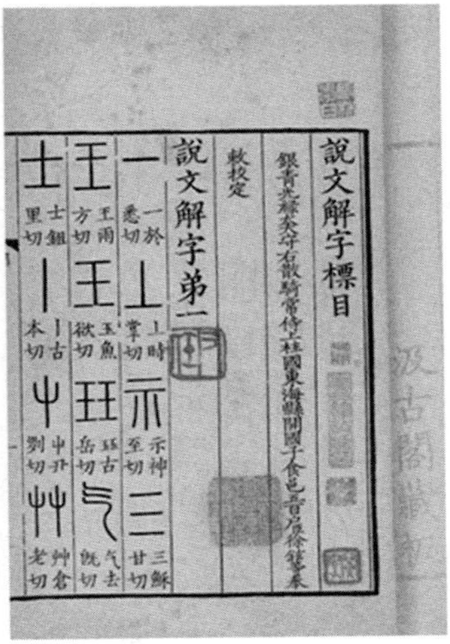

钤有藏书印的图书

藏书印的材料多为铜、金、玉、石，其中以石印居多。印的内容与字数则不拘一格，或是一字之妙，或是多个字并列，也可镌刻一首诗、一段话、一篇短文，精心篆刻后赏心悦目。形状可以是方印、套印，还可有葫芦、琵琶等形状，并无定制，视乎藏书家心绪喜好而定。

最早使用藏书印的是官府藏书。唐代有“内殿图书”“集贤殿书院印”，唐太宗有刻“贞观”二字的连珠印，唐玄宗有“开元”连珠印，南唐后主李煜有“建业文房”之印。宋代官府藏书各阁亦以藏书印标示归属，如“秘阁图书”之印即标示此书为秘阁所藏。明清官府藏书用印更丰富，《四库全书》七阁的藏书也有各自的印章。

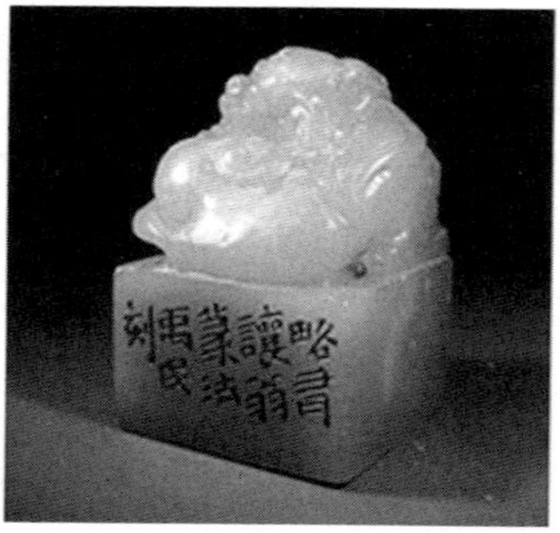

藏书印

明清以来私家藏书兴盛，所用的藏书印形式更多、内容更加丰富。其材料可用玉石、玛瑙、珊瑚、水晶、象牙、黄杨木、檀香木、牛角及其他材质独特的石料，如青田石、昌化石、寿山石、大松石等，选用合适的字体，如篆书、隶书，精心雕刻之后，便成一件艺术珍品。细究起来，藏书印大致可分为名章、训诫章及体现书籍信息的印章。

名章自然是与藏书家自身相关的，其姓名、字号、身世、头衔及体现个人情操的语词皆可。最简单的便是姓名字号，如杨保 印、陆心源印、毛晋之印、杨守敬的“邻苏老人”、孙星衍的“芳茂山人”；有些印甚至只有一个字，如沈曾植用“植”，江标用“标”，毛晋用“晋”或“甲”，“晋”是其名，“甲”则是说此书为一流善本书。

建业文房

邻苏老人

名章的内容再丰富些，便可标明主人的地点、头衔及身世。如杨保彝用“聊城杨氏三世守藏”、瞿绍基用“虞山瞿绍基藏书之印”、陆树声用“归安陆树声藏书之记”皆体现其地点；明代的傅瀚用“太子太保傅文穆公家藏图书”“明代傅瀚受封太子太保谥文穆”之印，张廷济用“嘉庆戊午浙江解元”，吴荣光用“刑部尚书郎”彰显其官职；“延陵世家”“宋少保石林公二十一世孙裕”、“兰陵世家”“孔子七十三代长孙女”“虞山帝子之家”等皆彰显其身世门第，或是家族藏书传统。

藏书家一般会有多个甚至数十个藏书印，藏书印也可用来抒写其情怀。如明代的倪元璐用“山水中人”“一琴一鹤”“月竹邻”“蕉窗夜雨”等印，以诸般景色入印，诗意盎然；再如“杏花春雨江南”“桃花村里人家”“小桥流水即沧州”“州里溪山一钓徒”“万卷书楼一老翁”饶有趣味；“山光塔影楼”“江城如画楼”“碧云群玉之居”景致如画，“停云生”“逸情云上”则意境深远。

除了简短的名号情趣，亦有藏书家在印上表示其生日或是生平，朱彝尊的“我生之年，岁在屠维大荒落，月在橘壮，十四日癸酉时”，祁寯藻的“甲戌翰林、二十二通籍、三十八省亲旧里、四十陈情乞养、四十二致仕”便是如此。更有意思的是以肖像为印，如陆心源“存斋四十五小像”、陈鳣的“仲鱼图像”、袁克文“百宋书藏主人廿九岁小像”。这三枚肖像印皆被收入《中国藏书家印鉴》中。

藏书传家胜过藏金银，许多藏书家的印章刻有训诫之语，令子孙多读书并珍惜书籍，印的内容极有趣味。黄宗羲的“忠端是始，梨洲是续。穷不忘买，乱不忘携，老不忘读，子子孙孙，鉴我心曲”，对图书不离不弃，孜孜不倦，可见其心；澹生堂有枚藏书印是一首诗：“澹生堂中储经籍，主人手校无朝夕。读书欣然忘饮食，典衣市书恒不给。后人但念阿翁癖，子孙益之守弗失。”

再如清代王昶的藏书印“二万卷，书可贵。一千通，金石备。购且藏，剧劳勚。愿后人，勤讲肄。敷文章，明义理，习典故，兼游艺。时整齐，勿废置。如不材，敢卖弃，是非人，犬豕类。屏出族，加鞭棰。述庵传诫”，一段三字之经，内容极为丰富。吴骞的藏书印：“寒无衣，饥无食，至于书不可一日失。此昔人治学之名言，是拜经楼藏书之雅则。”拳拳爱书之心，尽显其中。

当然，也有简短的训诫藏书印，如祁承㸁的“子孙永保”、孙庆增的“得者宝之”、毛晋的“性命可轻，至宝是重”、唐翰的“读书有福得书难”等。

藏书印最初的作用是标明其归属及藏书地点，藏书家多有此类印，刻有藏书处或书籍的版本等信息。“汉唐斋”“石经阁”“古欢阁”“卧庵所藏”等皆是揭示归属，“西圃蒋氏手校抄本”“绩溪胡澍、川沙沈树镛、仁和魏锡曾、会稽赵之谦同时审定印”“丹徒蒋氏宗海星岩氏校正经史子集文章”等印则揭示其抄写及校订信息。

有些藏书家还专门刻印，在读过某书后钤印，作为读书纪念，如毛晋的“毛子九读书记”、叶德辉的“贻园过眼”、吴云的“吴平斋读书记”和“吴平斋曾读过”、刘喜海的“曾经燕庭勘读”皆是如此。

当然，在书上钤印未必都是善举，有些藏书印可令书身价倍增，有些书上若藏书印太多，反而不好。叶德辉对此深有体会：“名贤手泽，固足令人钦企也。然美人黥面，昔贤所讥，佛头著粪，终为不洁。曾见宋元旧刻，有为书估伪造各家印记以希善价者，有学究、市贾强作解事，以恶刻闲印钤满通卷者。此岂白璧之微瑕，实为秦火之余厄。”为求高价而伪造名家收藏印章已然可恨，若不顾书籍的整洁而乱钤印，更会弄巧成拙。

第四章，遗珍

自商周开始藏书以来，我国的官府藏书楼、私家藏书楼、寺庙道观和书院内的藏书楼数不胜数。然而动荡变革之中，藏书楼或被焚毁，或遭水害，或被典卖后挪作他用，或被拆除另建新居，或年久失修，能保存至今的藏书楼少之又少。这些书楼的藏书故事，读来总叫人感慨万千。

一、天一阁

浙江宁波天一阁

“藏书之家颇多，而必以浙之范氏天一阁为巨擘。”这是乾隆皇帝所写《御制文源阁记》的开头，碑记中还写道：“因辑《四库全书》，命取其阁式，以构庋贮之所……于是就御园中隙地，一仿其制为之，名之曰文源阁。”不只文源阁，《四库全书》的其他六阁也是仿照天一阁而建成的。天一阁得乾隆皇帝如此褒奖，名冠天下，而这“钦点天下第一楼”的主人，是明朝的范钦。

范钦，字尧卿，号东明，是明代著名的藏书家，也是中国著名的私家藏书楼天一阁的主人。他于明正德元年（1506）出生在浙江鄞县，是家中次子。范钦二十三岁参加浙江戊子科乡试，考取第七十名举人，在嘉靖十一年（1532）中进士，同年出任湖广随州知府。任官期间，他校刻《王彭衙诗》并编纂了《随州志》，任上公正执法，《随州志》中记载，范使君“刚明凝重，不押小人；接遇士流，外宽内介；干托不行，强御不吐”。

天一阁范钦像

嘉靖十五年（1536）夏，范钦升任工部员外郎，离开随州赴京城任职，却因生性秉直而触怒武定侯郭勋，因被诬告而受廷杖酷刑，关入天牢。直至嘉靖十八年（1539）才洗清冤情，获释出狱，擢升工部郎中，是年范钦已三十四岁。其后郭勋死于狱中，范钦赴京谋职未果后回到袁州，并力请减轻袁州赋税，修建城楼、教场、粮仓等建筑。

嘉靖二十三年（1544），范钦升任江西九江兵备副使，其后调任广西参政。在广西任职时，范钦发现瑶族特产中药材灵香草能为书籍防蠹灭虫，后来将其用于天一阁藏书的防虫之中。后范钦又任福建提刑按察使、云南右布政使、陕西左布政使、河南左布政使、督察院右副都御史、兵部右侍郎等职。嘉靖三十九年（1560）因遭弹劾而回籍听勘，与张时彻和屠大山组建东山诗社，人称“东海三司马”。到嘉靖四十五年（1566）时，天一阁落成，此时范钦六十一岁。其后苦心经营天一阁，撰文良多，也刻印了大量的书籍。然而亲友相继离开，子孙仕途坎坷，范钦亦颇受打击。万历十三年（1585），八十岁的范钦逝于月湖西隅芙蓉洲天一阁旁范氏新宅，葬于鄞南茅山。

范钦半生为官，政绩斐然。他曾到多处任官，又游历四方，多有诗词作品，著述颇丰。除了编纂地方志外，还著有《天一阁集》《范司马奏议》（又名《抚南赣奏议》）《贡举录》《歌谣谚语》《赋苑联芳》等。《天一阁集》中收录了范钦生平所作各种体裁的诗歌、乐府、碑记、铭文、序跋、尺牍、祭文、诔、墓志、启、议、说、赞等作品近一千五百篇（首）。除此之外，他最显赫的功绩当然是其驰名天下的藏书。

范钦从嘉靖初就开始藏书，经史百家兼收并蓄。根据骆兆平先生在《天一阁丛谈》中所言，天一阁藏书的来源主要有四种，包括朋友赠书、范钦购书、向藏书家借抄的书和为官时搜集的书。与历代多数藏书家醉心于收集珍本秘籍不同，范钦虽然也收藏宋元精本、古代典籍，但也十分注重收集当代的文献资料，这与其经历和藏书观念联系密切。

从嘉靖十一年到四十五年（1532—1566），范钦先后为官三十余年，遍历江西、云南、广西、陕西、河南、京师等地，几乎走遍大半个中国。他每到一地，就会留心收集当地所见的书籍并尽力收购。除此之外，借助职务之便，范钦亦能收集当时政府的一些内部资料及各地的史料。

天一阁藏书中的明代史料和明人文集，即明朝的历史和文学资料极为丰富，其中有不少如今已是海内孤本。天一阁之所以闻名，与保存明代珍贵史料不无关系。范钦收藏的明代史料包括实录、邸抄、揭帖、供状、进士登科录、名人传记及诗文集等，形式多样，内容广泛，其中有很多内部官书文件，这些资料为后世进行相关研究提供了极大的便利。史料集、文集的搜集整理，也和范钦"厚今薄古"的藏书思想不可分割。

除了书籍资料，范钦还收藏碑帖，包括早年从丰坊处购入、友人赠送和他亲自到四处搜集拓来的珍本，其中以北宋拓本《石鼓文》《秦封泰山碑》《西岳华山庙碑》最为珍贵。明代好金石之人世称都穆、杨慎、郭宗昌、赵子函四家，即这四家所藏碑帖最为丰富珍贵，而清人钱大昕等则认为"较其目录，皆不及范氏之富"，可见范钦所藏碑帖亦不逊色。

范钦在世时，藏书量已十分庞大。为了防止书籍流散，其子范大冲规定了"代不分书，书不出阁"的制度，其藏书由子孙共同管理，并有严格的书楼管理制度。天一阁门口的禁牌上说："子孙无故开门入阁者，罚不与祭三次；私领亲友入阁及擅开书橱者，罚不与祭一年；擅将藏书借出外房及他姓者，罚不与祭三年；因而典押事故者，除追惩外，永行摈逐，不得与祭。"在当时，“不与祭”是很重的处罚，可见其管理之严格。

在严格的管理和保护下，天一阁的图书世代流传，后世又陆续有书籍入藏。在《四库全书》编订过程中，因范氏献书有功，得乾隆钦赐《古今图书集成》一部。

天一阁建筑

上述种种典籍能完好地保存，不仅得益于管理制度，天一阁独特的建筑也为之提供了良好的条件。范钦最初将藏书处命名为东明草堂（范钦号东明），在辞官归乡后建成藏书楼，名天一阁。据全祖望《天一阁碑目记》中说，书楼建成之初尚未取名，阁前凿一水池，环植竹木，范钦偶然间翻阅吴道士龙虎山天一池石刻及其记文时，认为这和他在书阁前凿水池之意相合，便为书楼取名天一阁。

郑玄所注《周易》的注解中说：“天一生水于北……地六成水于北……”后该说法化为“天一生水，地六成之”。范钦开凿水池，为书楼取名天一阁，应是取“天一生水”之寓意，以为书楼防火。

书籍要长久地保存，必须有良好的防火、防潮、防虫等措施，范钦在建造天一阁时充分考虑了这些因素。阁楼前有水池，以水制火，一旦书楼不小心出现火苗，也能就近取水。范钦还建立了严格的书楼管理制度，禁止火种入阁，在楼梯边挂“烟酒切忌登楼”的禁牌，通道不堆杂物，皆是防患未然之措施。

宁波地处沿海，多雨潮湿，范钦将书楼设计成相互连通的六间，便是为了让空气流通。在天一阁的地基下还有木炭、石灰等物，可防止潮气上传。为防止书籍发霉，每年梅雨季节时会封闭书库，出梅之后，则会打开阁楼通风，晾图书散潮气。一旦图书有发霉或虫蛀等现象，便会进行整理修护。虫蛀亦是书籍之大敌，范钦将芸香草置于书页之中，能有效防虫。

阁前的水池不仅可用于防火，同时清澈之水与树荫相绕，营造出清雅环境，读书吟诗、赏花宴饮，皆为妙事。天一阁的设计理念及措施为后世藏书家争相模仿，也成为清代皇家藏书楼《四库全书》七阁建设的范例。

历代名人与天一阁

天一阁十三代相传，名满天下。中国历代名人中多有文人墨客，天一阁以藏书而闻名，是以从其建立之初，就与名人结下了不解之缘。

丰坊应是与天一阁结缘较早的一位，他也是明朝浙江鄞县人，比范钦年长十四岁。丰氏是鄞县望族，历代为官，家藏巨富。丰坊敏而好学，既喜好书法，也喜好藏书，且嗜碑帖，曾变卖田产而购图书碑帖，因聚书达五万卷而称其藏书楼为万卷楼。丰坊晚年得“心疾”，放诞任气，万卷楼的藏书被其门生窃去大部分，后来丰坊将剩余的书籍及珍帖售与范钦，范钦也收藏了不少丰坊的手迹。

明末清初的黄宗羲身兼经学家、史学家、思想家、地理学家、天文历算学家、教育家等多个身份，据史籍明确记载，黄宗羲是第一位登上天一阁的外姓人。黄宗羲登上范氏天一阁，是有重大意义的。

中国古代技术落后，书籍保护的要求严苛，且因书籍来之不易，因此许多人藏书后会对书室进行较为严格的保护，不会轻易供外人阅览。天一阁藏书巨丰，在范钦去世后，封闭甚严，规定不许私自带领亲戚朋友进入。黄宗羲之所以能进入，是因其引领人范友仲在家族中地位显赫。加之黄宗羲本身又是极富学识之人，方能有机会进入天一阁并抄阅图书。这次登楼，显示天一阁的相对开放性，表明天一阁并非绝对地封闭，同时黄宗羲也开启了学者为天一阁编目的先河。

当然，从这次登楼中，黄宗羲也受益匪浅，他在其所著《天一阁藏书记》中说：“癸丑余至甬上，范友仲破戒引余登楼，悉发其藏。余取其流通未广者钞为书目。”其后这部书目广为流传。由于天一阁中藏有丰富的明代史料，黄宗羲还借此编成了《明文案》《明文海》《明文授读》等著作。清代浙东的史学名家全祖望作为黄宗羲的弟子，也与天一阁结缘匪浅，其所著《天一阁藏书记》和《天一阁碑目记》，是如今学者研究天一阁藏书的重要文献。

天一阁不仅吸引了文人墨客、名士高官，也吸引了清代的最高统治者。乾隆皇帝为修《四库全书》而广泛征集天下图书，对天一阁颇为重视。天一阁的建筑及周边设施在藏书保存等方面皆有优势，《四库全书》七阁的修建，即仿天一阁之制。在七阁的命名上，也受天一阁影响。天一阁因“天一生水”而得名，《四库全书》七阁命名时皆有“水”字。为奖赏天一阁的贡献，乾隆皇帝还御赐《古今图书集成》一部，不仅范氏子孙引以为荣，士民也将其视为盛事，载入地方史册。

虽然天一阁允许外人进入，但真正能获准登上天一阁的官员学者并不多，其中对天一阁贡献最多、成就最大的当属阮元。阮元是江苏扬州人，乾隆五十四年（1789）中进士，在经史、数学、天算、舆地、编纂、金石、校勘等方面皆有很高的造诣，被尊为一代文宗。

阮元因其成就，享有“身历乾嘉文物鼎盛之时，主持风会数十年，海内学者奉为山斗焉”之盛誉。阮元曾任浙江学政和浙江巡抚，史籍明确记载他有三次登上天一阁，其成果是督促范氏后人编写《天一阁书目》和摹刻天一阁所藏的北宋拓本《石鼓文》，还亲自起草了编目的条例并推广天一阁的管理经验。

天一阁历时四百余年岿然独存，又始终名扬四方，与其有关系的名人数不胜数，上面所列只是典型的几人，还有无数文人、学者、官员等受益于天一阁，或是对天一阁的发展传承有所贡献，从而传下佳话。

二、《四库全书》七阁

乾隆像

《四库全书》是由乾隆皇帝亲自组织编修的一部大规模的丛书，从乾隆三十七年（1772）开始，历经十余年编成。

乾隆三十七年正月四日（1772年2月7日），乾隆帝颁发了征集图书的谕旨，规定了此次征书的范围及具体操作办法，其后数次降旨详细解释，征书工作前后历经七年。为了表彰进书者，乾隆帝还制定了奖励办法：奖书、题咏和记名。若进书五百种以上，钦赐《古今图书集成》一部，天一阁当时就获得了此项奖励；若进书百种以上，钦赐《佩文韵府》一部，是为奖书。但凡进书百种以上，乾隆帝选择一精醇之本，亲自题咏，如周厚堉敬献的宋本《两汉博闻》上便有乾隆御笔题诗。记名则是指编修书籍时，在提要中注明藏书家的姓名。为广泛征集图书，各省官员积极配合，许多省份还专门设立采访遗书总局。

戴震像，清杨鹏秋绘

乾隆三十八年（1773），四库全书馆在翰林院成立，在武英殿设立缮写处，任命皇室郡王及大学士等担任总裁，六部尚书及侍郎担任副总裁，下设总纂官、总阅官、总校官。当时有名的学者参与编修，由纪昀担任总纂官，戴震主持经部修书，邵晋涵主持史部修书，周永年主持子部修书，集部则以纪昀为主。

在编修图书时，主要经整理图书、抄写底本和校订三个步骤。

《四库全书》的底本主要来自内府本（武英殿等内廷各处藏书）、赞撰本（清初至乾隆时奉旨编纂的书）、各省采进本、私人进献本、通行本（社会上流行的书）、《永乐大典》本。四库馆臣会提出对书籍的处理意见：应抄，即书籍合格，抄入《四库全书》；应刻，即非常好的著作，除了抄入《四库全书》外，还要刻印以广泛流传；应存，即不抄入《四库全书》，只在《四库全书总目》中列出书名。对于应抄和应刻的图书，四库馆臣提出意见后送呈纂修官复审，纂修官认可后，送呈总纂官三审。三审过后，送呈御览。

抄写底本的人员最初由保举得出，但因有行贿之事，其后由选拔得出，挑选字迹端正者择优录取，后来还从乡试生徒中挑选字迹匀净者。

校订则是检查所抄写的书是否有错误之处，且有

《功过处分条例》：若所错的字是原本讹误，则不追究责任；若原本无误，誊写时错误，每错一字记过一次；若在抄写时发现原本错误，则记功一次。书籍经分校、复校后，由总裁抽阅，最后装潢进呈。

《四库全书》将书籍分为经、史、子、集四类。经部收录儒家“十三经”及相关著作，史部收录史书，子部收录诸子百家著作和类书，集部收录诗文词总集和别集等。四部之下有类，类下有属，形成完整的分类体系。这种分类方法始于初唐，当时称之为“四部库书”。

《四库全书》书影

根据文津阁藏本，《四库全书》共收录估计三千五百零三种、七万九千三百三十七卷，装订为三万六千余册。在编纂《四库全书》的过程中，同时还编纂了《四库全书荟要》《四库全书总目》《四库全书简明目录》《四库全书考证》《武英殿聚珍版丛书》等书。

乾隆四十六年（1781）十二月，第一部《四库全书》修成，藏于文渊阁中，其后三年内又抄写了第二、三、四部，分别藏于文溯阁、文源阁、文津阁，是为“北四阁”；其后又抄成三部，藏于江南文宗阁、文汇阁和文澜阁，是为“南三阁”，共七阁。

事实上，在乾隆下诏修《四库全书》的第三年，即乾隆三十九年（1774），乾隆帝就下诏兴建藏书楼，于文华殿后创建文渊阁，乾隆四十一年（1776）建成。书成之日，乾隆还在文渊阁设宴赏赐编纂《四库全书》的官员及其他参与人员。

在装帧上，《四库全书》力求华美大方，且实用、便于长期保存。各部书的封面仿四季变化而成，经部用绿色，史部用红色，子部用青蓝色，集部用灰黑色，函套以珍贵的楠木制成。南三阁与北四阁又稍有不同，仍旧沿用四季变化之色，经、史两部采用绿色、红色，子部则采用玉色，集部采用藕荷色。为区别各阁的藏书，每卷书的卷首与卷末都用不同的皇帝印玺。

文渊阁

文渊阁位于北京故宫的文华殿后，于乾隆四十一年（1776）建成，所藏的是乾隆四十六年（1781）十二月抄写完成的第一部《四库全书》，其藏书卷首有“文渊阁宝”之印，卷末为“乾隆御览之宝”，这部书现藏于台北故宫博物院。

文渊阁分上下两层，参照天一阁的规制，并结合传统的官式做法和皇家建筑风格而建成，以黑色琉璃瓦为顶，绿色琉璃瓦剪边，因黑色主水，寓意以水压火，避免火灾。在阁前有一方水池，引入金水河之水，并架一座石桥。阁后还有湖石堆叠成山，间植松柏，风景清秀雅致。在文渊阁东侧有一座碑亭，内有一方石碑，镌刻由乾隆帝撰写的《文渊阁记》，石碑的背面还有乾隆在文渊阁赐宴时所写的诗。

事实上，文渊阁这一建筑始自明朝。朱元璋于奉天门之东建文渊阁，尽贮古今载籍，明成祖迁都北京后，北京宫中亦建有文渊阁，用于藏书和编书。《永乐大典》就是在文渊阁中编纂而成，而这也是乾隆编纂《四库全书》并将第一部书藏于文渊阁的起因。在明代，文渊阁也是阁臣入直办事之所，后来演变为内阁禁地。在其阁门高悬圣谕，并申令：“机密重地，一应官员闲杂人等，不许擅入，违者治罪不饶。”然而正统十四年的一场大火将南京文渊阁付之一炬，其后北京文渊阁也遭损坏，直至乾隆重建，才得以延续其功用。乾隆也说：“文渊阁之名，始于胜朝，今则无其处，而内阁大学士之兼殿阁衔者尚存其名。兹以贮书所为，名实适相副。”

文渊阁

自嘉庆以来，文渊阁的藏书长期闲置，辛亥革命以后，藏书由清室善后委员会接管，后由故宫博物院图书馆保存。在其后的战乱中，藏书辗转经过上海、重庆、南京等地，最终运往台湾，由台北“故宫博物院”保管。

文溯阁

文溯阁位于沈阳故宫之中，于乾隆四十七年（1782）建成，藏有乾隆四十八年（1783）十一月抄写完成的《四库全书》一部，藏书卷首为“文溯阁宝”，卷末为“乾隆御览之宝”。其藏书原存于沈阳图书馆，后移存甘肃省图书馆。

清人入关之前，其皇宫设在沈阳，是努尔哈赤和皇太极的宫殿。清迁都北京后，沈阳皇宫便成为“陪都宫殿”“留都宫殿”，后又成为沈阳故宫。文溯阁建制与北方其他三阁相似，乾隆帝每回到盛京时都会前往翻阅检查，七十三岁高龄时还挥笔写诗说：“老方四库集全书，竟得功成莫幸如。京国略钦渊已汇，陪都今次溯其初。源宁外此园近矣，津以问之庄继诸。披秘探奇力资众，折衷取要意廑予。唐函宋苑实应逊，荀勖刘歆名亦虚。东壁五星斯聚朗，西都七略彼空储。以云过涧在兹尔，敢曰牖民舍是欤。敬缅天聪文馆辟，必先敢懈有开余。”这番情怀感慨中，提及七阁功绩，回顾古时的图书整理，唐函宋苑应逊，荀勖刘歆名虚，可窥见他对编纂《四库全书》之事的骄傲。

文溯阁的藏书保存得较为完整，民国时期，文溯阁所藏《四库全书》辗转流徙，几经危殆。“九一八”事变爆发后，东北沦陷，文溯阁所藏书籍遂落入日本人手中，至 1945 年日本投降后归还。在“文化大革命”期间，中央下令将文溯阁本《四库全书》从沈阳调出，运至甘肃存放。甘肃省为保管好这一文化瑰宝，拨专款在黄河之畔修建文溯阁，一直存放至今。

文源阁

文源阁位于北京近郊圆明园，于乾隆四十年（1775）建成，收藏乾隆四十八（1783）年十一月完成的一部《四库全书》，其藏书卷首为“文源阁宝”和“古希天子之宝”之印，卷末为“圆明园宝”及“信天主人”两印。咸丰十年（1860），英法联军入侵，文源阁在圆明园的大火中化为灰烬。

圆明园始建于康熙四十六年（1707），集宫廷建筑之雍容贵气、江南园林之秀丽婉转、欧式建筑之恢宏华丽于一身，有“万园之园”的美誉。根据各项文献记载及现有遗址，目前学界关于圆明园相关的研究及圆明园数字化的工程正如火如荼地展开。藏有《四库全书》的文源阁位于水木明瑟北面，原本称“四达亭”，乾隆南巡浙江后，仿照天一阁而将其改建为藏书楼。

乾隆雅好诗书，《四库全书》的编纂更是投注了他大量的心血。在文源阁落成后，乾隆皇帝每年驾幸圆明园，几乎都要来此休憩读书，饶有兴致地题诗泼墨。文源阁的匾额和阁内汲古观澜的匾额，都是由乾隆皇帝御笔所书。

圆明园被焚毁后，文源阁原本的建筑已无从寻找，只能靠北四阁中其他建筑的形式及文献记载来推断。刻有《文源阁记》的石碑尚存于世。

古希天子之宝

文津阁

文津阁位于承德避暑山庄，建成于乾隆四十年（1775），藏有乾隆四十九年（1784）十一月抄写完成的《四库全书》一部，书的卷首为“文津阁宝”之印，卷末为“避暑山庄”和“太上皇帝之宝”之印，这些藏书现保存在国家图书馆。文津之意，乾隆在《文津阁记》中说，是“欲从支脉寻流，以溯其源，必先在乎知其津”。除了《四库全书》外，此处还藏有《古今图书集成》万卷、《御制诗》四集。

乾隆御览之宝与文津阁宝

承德避暑山庄位于河北省承德市，历经康熙、雍正、乾隆三朝而建成，与颐和园、拙政园、留园并称中国四大名园。康熙、乾隆每年大约有半年时间在承德度过，承德避暑山庄遂成当时的第二政治中心。编修《四库全书》一方面是为了整理书籍，另一方面也是为了藏入宫廷，方便皇帝阅览。在避暑山庄修建文津阁并入藏图书，也是为了乾隆之便。

文津阁仿照天一阁建筑，也分上下两层，阁中又辟暗层，避免阳光直射，室内装饰亦十分考究。阁前亦有水池，水池之畔假山堆叠，日影山形映入水中，景色幽致，同时也是藏书的防火措施。如今的文津阁已成为避暑山庄的一大景点，藏书虽已搬离，但从窗中窥入，书架林立，悬有皇帝及臣子画像，依稀可感受到当时乾隆在内读书、众学者往来出入的胜景。

文津阁

文津阁所藏《四库全书》保存和管理较佳，基本未受战乱影响。宣统元年（1909），学部筹建京师图书馆（旧北京图书馆的前身，现国家图书馆）时决定将文津阁所藏之书交给该馆，然而未施行。民国政府成立后，于 1913 年将文津阁本《四库全书》保存在文华殿古物陈列所。其后，这套书交由京师图书馆保存，现已成为国家图书馆的镇馆之宝，也是七部《四库全书》中唯一原架、原函、原书存放保管的一部。

文宗阁、文汇阁、文澜阁

四库全书南三阁即文宗阁、文汇阁和文澜阁。文宗阁位于镇江金山寺行宫，建成于乾隆四十四年（1779）；文汇阁位于扬州天宁寺行宫，建成于乾隆四十五年（1780）；文澜阁位于杭州圣因寺行宫，始建于乾隆四十七年（1782）。

南三阁各自收藏乾隆五十二年（1787）四月抄写完成的《四库全书》一部，所藏图书各卷的钤印基本相同，卷首为“古希天子之宝”之印，卷末为“乾隆御览之宝”之印。三阁中亦各藏有《古今图书集成》。其中，文宗阁和文汇阁藏书毁于太平天国战乱，文澜阁藏书现由浙江省图书馆保管。

文澜阁

江南富庶之地，历来文人雅士荟萃。各朝重臣名儒中，有很多人出自江南，明清以来的各届科举之中，江南的举子也占大多数。加之江南素有藏书读书之风，藏书名家众多，书香翰墨，传承不绝，培养出大量的国家栋梁。在《四库全书》编写过程中，乾隆“寓禁于求”、以强力征书的行为也使得许多藏书被毁，藏书家中难免有微词。当然，在征书过程中，江南的藏书家献书最多，贡献极大。乾隆抄写《四库全书》藏于南三阁，既是嘉奖鼓励，也颇有安抚的效果。

乾隆一再强调，阁中所藏的书籍不是做样子的，要允许读书人阅读、抄写，南三阁的建立是为了方便江南士子读书治学。为防止官员因怕书籍损毁而限制士子读书，他还下诏说："第恐地方大吏过于珍护，读书嗜古之士，无由得窥美富，广布流传，是千缃万帙，徒为插架之供，无裨观摩之实，殊非朕崇文典学，传示无穷之意。将来全书缮竣，分贮三阁后，如有愿读中秘书者，许其陆续领出，广为传写。"藏书楼开放读书对当时的士子来说已十分难得，更勿论《四库全书》这样大规模、高质量的丛书开放阅览，乾隆此举无疑是莫大的福音。

南三阁亦仿天一阁而建，文澜阁在西湖孤山南麓，时人记载："左为白堤，右为西泠桥，地势高敞，揽西湖全胜。外为垂花门，门内为大厅，厅后为大池，池中一峰独耸，名曰'仙人峰'。东为御碑亭，西为游廊，中为文澜阁。"文汇阁也是风景极佳，"河前建御碑亭，沿池叠石为山，玲珑窈窕，名花嘉树，掩映修廊"。山光水色，婉转回廊，繁花碧树，如此美景中读中秘书，蔚为快事！

然而南三阁的命运依旧坎坷。第一次鸦片战争中，文宗阁本《四库全书》遭英军破坏，其后太平天国的军队攻入扬州和镇江，认为书是无用之物，遂将文宗阁和文汇阁焚毁，万卷珍贵典籍荡然无存。在太平军攻下杭州时，文澜阁《四库全书》也遭到破坏，大量散佚，后虽有丁申、丁丙兄弟收集残余，不惜重金从民间收购流落的书籍，还是难以恢复原貌。文澜阁本《四库全书》现收藏在浙江省图书馆中。

知识链接：

纪 昀

纪昀，字晓岚，一字春帆，晚号石云，道号观弈道人，因他"敏而好学可为文，授之以政无不达"，得谥号"文达"。纪昀四岁启蒙读书，后随父入京，三十一岁中进士，授翰林院编修，其后累有升迁，官至礼部尚书，得乾隆和嘉庆器重。在其八十岁大寿时，嘉庆帝还派员祝贺，赐上方珍物，死后嘉庆帝亲自为他作碑文。纪晓岚一生才华和学术成就十分突出，是乾嘉时期的学术泰斗。身为《四库全书》总纂官，他编写了《四库全书总目提要》《四库全书简明目录》，并著有享誉文坛的《阅微草堂笔记》。因纪晓岚才思敏捷，诗词对联皆通，且幽默风趣、应辩机敏，传下许多趣闻佳话。

三、敦煌藏经洞

甘肃敦煌莫高窟

19 世纪末，有个叫王圆箓的道士从酒泉云游到敦煌莫高窟，并定居在此。王道士住处的对面是一个三层楼的洞窟，其底层的窟门已为流沙所掩埋。王道士平时就常会雇人清扫堆积在洞窟前的流沙，修补其中佛像，此次便也请人清扫了该处的流沙。清扫完后，洞窟内甬道的北壁裂了道细缝，却无人注意。

时间久了，这条裂缝越来越深，直至有一天被人发现。好奇地敲打墙壁，发现墙壁竟是空的！当晚，王道士便带人挖开甬道，发现了一扇被泥块封住的门。门的后面是个小洞窟，微弱的烛光下，映入眼中的物品令王道士惊愕无比：用布包起来的经书层叠堆积，下面则是法器、佛画等艺术珍品！

王圆箓

敦煌藏经洞出土的绢画

尘封已久的敦煌藏经洞，便在这夜重见天日。

王道士因逃荒才来到莫高窟，他并不懂得这小洞窟中的藏书有着怎样的价值。他只知道，凡是古物，都是能值几个钱的，于是他从中挑选了精美的写本及画卷送给敦煌县令汪宗瀚和安肃道道台廷栋等人，期待着能获得赏赐。然而汪宗瀚等人并不了解其价值，只将其视为书法作品束之高阁，直至后来汪宗瀚为讨好时任甘肃学政的叶昌炽时才稍有转变。

叶昌炽是著名的金石学家，他发现这是唐朝之物后，便建议将其运往省府兰州保存。然而衙门却心疼运费，只命令王道士重新封闭藏经洞，避免其中书画外流。这样简单的命令当然无法阻止王道士，他陆续从中偷拿出经卷书画来送给官吏乡绅，或是以低价出售，藏经洞中书画零星散失。

清廷没有严格保护藏经洞的意识，外国的探险队和考古学家却纷至沓来。1907 年 3 月，西方考古学家斯坦因拜访了王道士，假称自己是追随玄奘足迹而到此地，取得王道士信任，用四十块马蹄银（合二百两白银）换

斯坦因拍摄的莫高窟十六窟

走了二十四箱文献、五箱绢画和约五百余幅刺绣品及一些工艺品。其后，他再次来到敦煌，购买了五箱写卷和一些彩塑、木雕艺术品。

斯坦因之后，法国人伯希和来到敦煌。他精于汉文，对中国历史文化了解较多，便花五百两白银，从藏经洞文献中挑选了六千余卷精华写本和佛教艺术精品，用十个大箱子运走。后来伯希和到北京购书，邀请金石学家罗振玉等学者共同鉴赏其随身携带的敦煌文献，国内学者这才知道敦煌藏经洞的存在，极为震惊，随即提请清朝学部保护这些文物。

1910 年，清廷下令将藏经洞中文献运往北京，由京师图书馆保存。藏经洞文献运送之初，王道士就已私自藏掖了许多，途中各级官吏层层截留，到达京城后，又有官员将其中完好的卷子窃走，将较长的卷子裁剪开充数量，最终送到京师图书馆的不过八千余残卷。

藏经洞的文献散落四方，在其后的百余年里，中国学者通过抄写、拍照等多种方式研究敦煌文献，著述极多，对藏经洞的原貌也有了越来越多的认识。

从藏经洞中出土的文献约有五万多件，有写卷、册子本、刻本和拓本等多种形式，其中以汉文佛教经典为主，佛教写经占 90% 以上。经书的内容涵盖佛教各宗派的经、律、论三藏典籍，其中不乏来自宫廷和长安、洛阳著名寺院的写经。佛教之外，还有道教、摩尼教、景教等教派的典籍，亦有重要的儒家典籍。

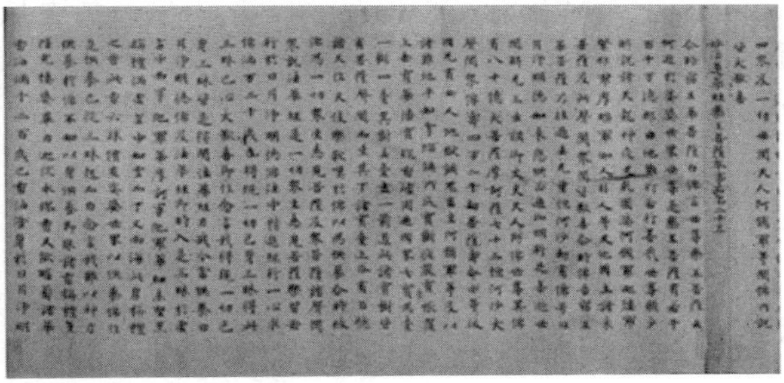

敦煌残卷

上迄魏晋十六国，下至北宋，敦煌藏经洞文献的内容无所不包，涉及政治、经济、宗教、哲学、语言、文学、民俗、历法、科技、军事等许多领域。因敦煌地处中原与西域各国文化交流要道，除了汉文写本外，还有藏文、于阗文、回鹘文、粟特文、突厥文、龟兹文、梵文等语言的文献。

这样大规模的文献，是因何而被封存在石窟中数百年的呢？学界对此多有争议，主要有两种代表性的看法——废弃说与避难说。

所谓废弃说，简言之，即藏经洞中的文献是因废弃而被封存。斯坦因从敦煌带走了大批文献，他在《西域考古图记》中提到，在藏经洞的一些包裹皮中有相当数量的汉文碎纸块、包皮和丝织品做的还愿物、绢画残片、画蟠木网架等。他认为这些是从敦煌各寺院中收集来的神圣废弃物，而藏经洞就是堆积神圣废弃物的场所。废弃说的代表人物方广锠先生认为，藏经洞内大多是断篇残卷，还有不少疑伪经、错抄废卷、涂鸦杂写及废弃的文书，这些残破经卷对敦煌僧众而言已无实用价值，故而废弃封存。

避难说则认为藏经洞文献是敦煌僧侣因避难而封存的，至于所避何难，则众说纷纭。其一是宋初避西夏之乱说，即景祐二年（1035）西夏入侵西陲，僧侣避难他乡，将经卷、佛像及杂书尽数封存入洞。从伯希和开始，有众多学者从多个角度论证这一说法。其二是宋绍圣说，即宋代绍圣年间，信仰伊斯兰教的哈拉汗王朝大肆毁坏佛教艺术，并侵占了西域的佛教中心于阗，其后养精蓄锐数十年，意欲挥师东进，消息传至敦煌，僧人恐慌之下封存典籍。其三是避黑韩王朝之说，宋真宗景德三年（1006）年黑韩王朝灭了于阗，对佛教进行毁灭性打击，大批于阗人逃往沙州，三界寺遂将经卷、绢画等神圣的物品封存洞中。亦有人认为藏经洞封闭于宋代皇祐之后，封闭的原因依旧是为了躲避诸国战乱。

藏经洞中藏书辉煌灿烂，是世界著名的文化艺术宝库，其封闭的真实原因尚无定论，这一谜团的解开有待敦煌学研究学者的努力。

知识链接：

摩尼教

摩尼教又称牟尼教、明教，由波斯人摩尼创立。在创立后一千多年的时间里，从北非到中国福建，摩尼教在整个欧亚大陆广泛传播。其文献使用叙利亚文、中古波斯文、帕提亚文、粟特文、汉文、回鹘文、希腊文、拉丁文、科普特文等十余种文字。摩尼教于唐代武后延载元年（694）传入中国，大历三年（768）在长安建立大云光明寺，传入回纥后成为其国教。后来玄宗因摩尼教是“本是邪见，妄称佛教，诳惑黎元”而禁止，会昌灭佛中，摩尼教亦受重创。五代及宋时的多次农民起义均与摩尼教有关，到了元代时，摩尼教融入白莲教、弥勒教的思想，日益复杂，亦号召了数次农民起义，直至明朝时逐渐式微。金庸武侠小说《倚天屠龙记》中所描写的明教即参考自历史上的摩尼教。

四、清代四大藏书楼

清代的私家藏书发展至鼎盛，藏书家比比皆是，有名气的藏书楼数不胜数，其中最为出名的当属常熟瞿氏铁琴铜剑楼、山东杨氏海源阁、归安陆氏皕宋楼、钱塘丁氏八千卷楼，合称“晚清四大私人藏书楼”。

铁琴铜剑楼

铁琴铜剑楼

铁琴铜剑楼始建于清乾隆年间，原名“恬裕斋”，其主人瞿绍基，字厚培，号荫棠，曾以廪生的资格而被选拔为贡生，“以明经选授广文”，然而多次乡试未中，便做了个阳湖县学训导。为官未及一年，瞿绍基便辞官归里，只以藏书为乐。

瞿氏素有藏书之风，瞿绍基继承父亲藏书，又先后收集了陈揆的稽瑞楼、张海鹏的爱日精庐中不少流散的精品藏书，同时购置宋元善本，搜罗金石古玩，建立藏书楼恬裕斋，取“引养引恬”“垂裕后昆”之意。瞿绍基历时十年而聚书十万余卷，其藏书为江南之首。后来他因获得古铁琴与古铜剑，极为珍爱，遂将书楼改名铁琴铜剑楼。

瞿绍基像

常熟地处江南水乡，别称琴川，是因其中有七条小川，仿若琴之七弦，风光秀美。常熟素有藏书之风，出现过杨氏七桧山房、孙氏博雅斋、赵氏脉望馆、钱谦益绛云楼、钱曾述古堂、毛晋汲古阁等诸多著名的藏书楼。瞿氏身处其间，自然也深受该风气的熏陶。瞿绍基去世后，其子瞿镛继承其父遗志，广交名儒，以读书藏书为乐，竭力购买收藏古籍。当时正是嘉庆道光之际，江南一带书贾云集，且明代以来流散民间的许多私人藏书在江南流通，瞿氏从中购得不少好书。

瞿镛之后，瞿秉渊、瞿秉清、瞿启甲等数代人继承家学，保存原有藏书，若有稀见珍贵的书籍或是可补旧藏之缺的图书，便会购藏。瞿氏亦与皕宋楼、八千卷楼互通有无，相互借抄图书，藏书屡有增长。

咸丰十年（1860），太平军从天京东征苏常沪，江南各地的藏书楼如范氏天一阁、汪氏振绮堂、孙氏寿松堂等皆有损毁。瞿秉渊兄弟为保护书籍，将藏书分成数批，送往附近乡间藏匿。其后因清军败兵却烧杀抢掠，又挑出千余种善本图书寄存别处。待太平军攻克太仓后，瞿氏再次转移藏书。战乱辗转之间，瞿氏藏书损毁不少，直至太平军退走后，瞿氏兄弟才将藏书运回故里。

常熟瞿氏住宅规模较大，铁琴铜剑楼在东部第四进，是坐北朝南的三楹小楼，楼下是家祠，楼上藏书。除了铁琴铜剑楼外，住宅中亦有敦裕堂、碧梧堂、巢云书屋等处藏书。瞿氏藏书有专人管理，定时曝书，以免藏书遭受虫蠹腐蚀之害。经瞿氏数代人的精心保存，其藏书流传至今，由瞿氏后人捐赠给北京图书馆、上海图书馆、常熟图书馆等处，铁琴铜剑楼亦岿然屹立于现今江苏省常熟市的古里镇区中心。

海源阁

晚清著名的藏书家叶昌炽在其所著的《藏书纪事诗》中道："艺芸散后归何处？尽在南瞿与北杨。"其中的北杨便是杨以增之父所建、杨以增发扬光大的山东聊城海源阁，这也是当时唯一一座与铁琴铜剑楼齐名的北方私家藏书楼。

海源阁

杨以增，字益之，号至堂，别号东樵，是清代著名的藏书家。他年少时就聪明过人，秉承家学而博览群书，被当时著名的儒家学者王引之赏识。杨以增在道光二年（1822）中了进士，分发到贵州以知县用，其后又被调到贵筑、松桃等地为官，期间政绩斐然。道光十四年（1834），杨以增晋升广西左江道。其后又调任湖北安襄郧荆道，四年后，其父杨兆煜逝世，杨以增辞官回乡，为父守孝。守孝期满后，杨以增被授河南开归陈许道，后又晋升两淮盐运使，未上任时又被任命为甘肃按察使。道光二十六年（1847），杨以增出任陕西布政使，后在好友林则徐的推荐下，任陕西巡抚之职，其后又升迁江南河道总督。

自中进士以来，杨以增四处游历，为官期间勤勉处事，官位愈高，责任愈重。他为官从不懈怠，直至后来积劳成疾，于咸丰五年（1855）死在任所。

杨氏藏书始自杨以增之父杨兆煜。杨兆煜，字炳南，一字熙崖，嘉庆三年（1798）中举人，后选为即墨县教谕。他一生以教书为业，学识渊博，爱好山水胜迹、诗书画帖，他爱收藏古今书籍，但因财力有限，书籍总数不多，善本尤其少。

杨以增像

杨以增子承父志，早在道光五年（1825）就开始收藏宋元珍本秘籍。入仕之后，他曾在贵阳、河南、甘陕及江南等地任职，广交文友，接触和收集珍本古籍也较为方便。道光十八年（1838）为父守丧期间，杨以增开始建海源阁藏书楼，其后在甘陕等地为官，广收天下书籍，以精刻本、善本为主，兼收并蓄，购书极多。

仕宦途中方便搜书求书，这一点在众多大藏书家身上都已得到印证。为官时与儒人学子为伴，四处游历，购书的关系和渠道极多，亦能接触到官僚豪门中散落的典籍。杨以增在江苏任职期间，适逢太平天国起义，他不惜巨资购得著名藏书家黄丕烈百宋一廛中的大部藏书，后又购得鲍氏知不足斋、秦氏石研斋、惠氏红豆山庄、方氏碧琳琅馆的藏书及其他名家的藏书，建立“宋存书室”来收藏，其子编有《宋存书室宋元秘本书目》。杨以增还有一处藏书室是“四经四史之斋”，收藏宋本《毛诗》《三礼》《史记》《汉书》《后汉书》《三国志》等书。

杨以增为官期间，与著名学者结交极多，这为其鉴别和校勘书籍提供了极大方便。梅曾亮、高均儒、吴熙载等人曾帮他鉴别书籍真伪及收藏价值，书法家包世臣是其幕僚，帮他鉴定古书、字画，还助他搜集、鉴定、刊刻了不少古代典籍，因此杨以增所藏书画大都有极高的价值。

在杨以增逝世之后，其子杨绍和、其孙杨保彝均秉承家学，不遗余力地搜罗典籍，聚积了不少孤本珍籍、精校名抄。杨氏几代人在藏书的同时，还进行辑佚、校勘、辨伪、训诂等工作，亦有文集传世。

杨氏藏书达二十多万卷，宋元珍本极多。藏书处海源阁位于杨宅三进院北上房东侧跨院内，上下两层，楼下是杨氏家祠，楼上藏书。藏书楼前亦有读书亭，花木掩映，甚是幽雅。杨宅四进院内还有舞剑瓦房，藏有明清版本藏书及帖片、古物、字画等。其藏书四代相传，百年积累，藏书之丰富，版本之精良，金石文物之宏富，闻名海内。后因战乱而散佚许多，残余书籍辗转收入北京图书馆和山东图书馆，海源阁原址处已按原来的样式重建书楼。

藏书世家于书籍保护方面都是极为重视的，杨承训《曝书》一文中写道：

> 我家遵守旧规，每二年或三年必晒书一次，全家共同从事，并预先邀同乡亲友数人帮忙。由清明起，至立夏止。据先世遗言云："夏日阳光强烈，书曝晒后，纸易碎裂，不耐久藏，且时多暴雨，有卒不及收拾之虞；秋季多阴雨，潮湿气盛，故易袭入书内；清明节后，气候干燥，阳光暖和，曝书最为适宜，立夏后渐潮湿，即不易晒书矣。"晒书时，将每册书按次序散列案上，在阳光下晒一至二小时即移回室内，再按原来次序排列原架格上，并用白丝棉纸将樟脑面包成许多小包，分别用一二小包随书装在函内，但不得放入书内，至更换书皮时，书线亦于此期为之。海源阁藏书，尽属珍本，外有木匣，内有锦函，并在清明后每日将全部门窗悉行放开，以使日暖风和之气徐徐进入，只将架格上浮尘掸净，但不启函出书。由上午十时至下午四时止，

> 大致有五天至七天，过此时期，即将全部门窗重新关闭，严密封锁，同时封条，以照慎重。

如此细致严谨的措施下，书籍保护得当，自然能长久保存，从中亦可见杨氏对藏书的珍视。

皕宋楼

明清以来，藏书家一直对宋元珍本书籍青睐有加，皕宋楼之名便是起自这一习俗，两百种宋本秘籍入藏其中。当然，皕宋楼所藏书籍远不止两百种，其主人陆心源建有三处藏书楼——皕宋楼、十万卷楼和守先阁，总计藏书十五万卷。十万卷楼藏有明清珍贵刻本、名人抄校本和手稿，守先阁藏有普通刻本和抄本，并供士子开放阅览，皕宋楼则专藏宋元旧刻。皕宋楼中所藏宋元版本书籍数量之众、价值之高，在海内无与伦比，其主人陆心源亦借此跻身清末四大藏书家之列。

陆心源，字刚甫、刚父，号存斋，晚号潜园老人。官至福建盐运使，于医学、藏书、金石学上颇有建树。

陆氏藏书始自陆心源的祖父陆镛，几代相传，有书香风气。陆心源于咸丰九年（1859）中举人，翌年会试不第，返乡后参与抵抗太平军，后来以知府衔分发广东，在光绪年间官至福建盐运使。同治十三年（1874）

辞官归里，建立潜园隐居其中，广收图籍并专心著述。

陆心源一生嗜书，早年读书时就“志欲尽读天下书，偶见异书，倾囊以购”，早期聚书万卷。同治年间太平天国之乱使得江南众多藏书家的大量藏书散佚民间，陆心源在为官之余，留心搜访典籍，收购了上海郁松年宜稼堂的大部分藏书。宜稼堂中汇聚了当时黄丕烈的百宋一廛、汪士钟的艺芸书舍、周锡瓒的水月亭、袁廷梼的五砚楼、顾抱冲的小读书堆等处的藏书。此外，陆心源还零散收集了芳淑堂、眠琴山馆、带经堂等处的藏书，在其丁忧期间，也近抄远访，直至最后“素缥缃帙，部居类汇，遂为江南之望矣”。

宋本书籍质量极为精良，致使明清藏书家佞宋成风，陆心源所藏宋元版本书极多，故而称雄当时。他还曾为国子监捐赠图书，开放守先阁供士子阅读，这一举动更能令他卓然不群。陆心源对于开放图书一事颇为重视，向湖州府奏请立案，公开表明守先阁开放阅读。为防止书籍被顺手牵羊，他在守先阁藏书上钤有“归安陆氏守先阁书籍禀请奏定立案归公不得盗卖盗买”之印。

陆氏聚书十五万卷，并将部分图书向公众开放，这一举动值得景仰称颂。然而，光绪三十三年（1907）六月，皕宋楼和守先阁所藏之书被陆心源之子陆树藩以十万元的价格卖给日本岩崎氏的静嘉堂文库，在学界引起轩然大波，静嘉堂文库也因此成为国际汉学重镇。

八千卷楼

八千卷楼的发端可追溯至乾隆年间的藏书家丁国典。他性好藏书，尤喜治诸子百家之书，因北宋时其先祖丁顗有藏书八千卷，便为藏书楼取名八千卷楼，以发扬祖志。丁国典藏书传至其子丁英，不断充实，再传丁英之子丁申、丁丙兄弟。两人在已有藏书的基础上访求图书，或购买或借抄，最终聚书二十余万卷。

丁申原名丁壬，字竹舟，号礼林；丁丙字松生，号松存，别署钱塘流民、八千卷楼主人、竹书堂主人、书库抱残生、生老，兄弟俩合称“二丁”。二丁受家风熏陶，自幼对书籍有浓厚的兴趣，并因家中藏书颇丰而对版本学及藏书方法有越来越多的了解。两人无心仕途，时常穿行书肆之间访求图书，杭州的弼教坊沈雨溥书坊、保佑坊小琅嬛温凤庭书肆、周氏瀚海堂等处皆是其时常光顾的书肆，在咸丰十一年（1861）杭州城破前，八千卷楼所藏数量已颇可观。

历来藏书有聚便会有散，二丁着力搜访、家藏日富的同时，太平天国进逼杭州，丁氏家族逃亡松江，太平军首度攻克杭州后便退出，丁氏家族遂返乡，其藏书尚未被毁。然而咸丰十一年（1861），太平军卷土重来，再度围攻杭州。

围城之间，丁氏兄弟仍搜书不倦。十一月中旬，杭州城被困已久，几乎绝粮，丁氏虽知城破图书难以幸免，却还是拿有限的米粮换取书籍，可见其爱书之深。至十一月二十八日，杭州城再度被攻克，丁丙在逃亡途中依旧心系藏书，赋诗曰："弟兄兀兀抱书痴，谏果回甘味独知。未必祖龙都毁尽，尚期得者宝藏之。"战乱中自身无力保存图书，他只能祈祷图书流散后能入藏书家之手珍藏。然而这近乎卑微的期待依旧落空，战乱使得八千卷楼中三世藏书焚毁殆尽，残存者不过几本。

太平天国之乱中，《四库全书》文宗阁、文汇阁被毁，各私家藏书亦遭受极严重的毁坏，焚毁书籍无数。也是这次战乱，让书籍开始重新分配，旧的藏书家败落，新的藏书家崛起，如皕宋楼之陆心源便是一位。丁氏兄弟在战后重整旗鼓，再度收藏图书，"门摊偶涉，行箧时装"，藏书之事时刻未忘，他们还托书商周京回到杭州，以收购废纸为名来购买书籍。周京购得数万斤废纸，丁氏从中挑选出完好的书，几乎占十分之一，另外还有八百束残本。这批书虽然内容纷杂，但其中有不少丁氏旧藏，成为八千卷楼再度崛起的基础。

而后丁氏辗转到了上海，孜孜不倦继续求书，从中购得不少精本善本。因其购书之名流传，也有书贾主动搜罗图籍后卖给丁氏，藏书不断积累。

同治三年（1864），清军夺回杭州，丁氏遂返回故居，此时的藏书规模已比战乱前更甚，藏书质量则无从判定。自同治三年（1864）起，丁氏陆续购买了数家藏书，包括许宗彦鉴止水斋的部分藏书、书商船中的千百册图书、王宗炎十万卷楼中的近千册旧藏、李之郇瞿硎石室部分旧藏、海昌周氏若干旧藏、朱学勤结一庐中大批藏书，书籍数量与日俱增。

书肆依旧是丁氏访求图书的重要地方，杭州的扶雅堂、文光堂、修本堂皆是丁氏常光顾之处。因曾寓居上海，丁氏亦数度前往上海访书，日积月累之下，终有所成。数代传承之下，丁氏自然希望藏书能代代相传，然而如其他家道中落后藏书流散的藏书之家一样，丁丙去世后，八千卷楼中部分藏书便被两江总督端方买去。而后战乱频频，丁氏家族日渐衰落，子孙徙居四方，八千卷楼藏书散佚殆尽，就连书楼也如王谢旧堂一般，再无迹可寻。

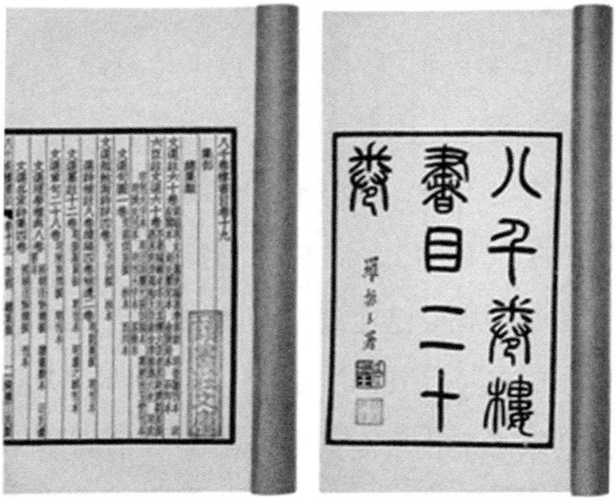

《八千卷楼书目》书影

丁申、丁丙兄弟名留青史，不只是因八千卷楼有显赫名声，还因其补抄文澜阁《四库全书》，贡献极大。

太平天国之乱，不只毁了文宗阁、文汇阁的藏书，文澜阁藏书也遭到破坏，散佚严重。丁申、丁丙在访书充实自身藏书楼的同时，还着力购置抄补《四库全书》中书，不惜重金从民间收购流落的书籍，并借抄天一阁等处藏书。此事不只于文澜阁《四库全书》有益，也完善了丁氏藏书。为了妥善管理，丁氏还刻有“四库著录”“四库附存”两枚印，钤于卷首。纵观丁氏兄弟的藏书生涯，不入仕途而一心藏书，即便身处战乱，钱粮无着，藏书之事也时刻未敢或忘，在访《四库全书》时公私兼济，孜孜不倦，其坚定心志令人敬佩。

知识链接：

藏书纪事诗

《藏书纪事诗》是清代学者叶昌炽撰写的一本记载历代藏书家事迹的书。叶昌炽，字兰裳，又字鞠裳、鞠常，晚号缘督庐主人，是晚清金石学家、文献学家、收藏家。他在光绪年间中进士，历任翰林院庶吉士、国史馆协修、纂修、总纂官等职，有藏书三万余卷。《藏书纪事诗》中，叶昌炽引用大量的文献资料，用七言绝句总结一位或数位藏书家的藏书事迹，并加以介绍，编成一部藏书家词典。书中也收录各代刻书、校书、抄书、读书相关的文献，被誉为“藏家之诗史，书林之掌故”。

第五章，名人堂

中国历史上享有盛誉的文豪、官吏大多受益于书籍，他们熟读诗书，才华横溢，经世治国；也有藏书盈室，修书养性，著书立说；还有人不恋奢华，家财散尽购买典籍，藏身草庐，以书为伴，校刻整理间怡然自得，传下多少佳话。悠悠历史长河中，无论皇亲贵胄，抑或布衣百姓，以书为伴者，常有芳名流传千古。

刘向（前77—前6）

刘向，字子政，西汉经学家、目录学家、文学家，是西汉楚元王刘交的四世孙。他通达经术，学问博洽，曾在汉宣帝、汉元帝、汉成帝三朝任职。在汉成帝时，担任光禄大夫的刘向奉命整理国家藏书，负责校经传、诸子、诗赋，另有人校兵书、数术、方技。每本书校正后，刘向“条其篇目，撮其指意”，编成我国最早的书目《别录》，是我国目录学鼻祖。我国目录学史上第一部史志目录《汉书·艺文志》也是基于《别录》而编成。

刘向家富藏书，在他整理官府藏书时，多次参用自家的藏书。其子刘歆也在《与扬雄书从取方言》中说“三代之书，蕴藏于家，直不计耳”，可见其藏书传统。

蔡邕（133—192）

蔡邕，字伯喈，东汉时期著名文学家、书法家，才女蔡文姬之父。蔡邕通经史，善辞赋，文学方面造诣极高，亦通音律。书法方面擅长篆书和隶书，隶书的造诣最深，被评价为“蔡邕书骨气洞达，爽爽如有神力”。

蔡邕生平喜好藏书，其所积聚的书籍多达万卷。在汉时书籍数量较少的情况下，万卷书籍十分难得。其女蔡文姬也是汉时著名文学家，博学能文，善于诗赋，精于天文数理，于音律亦有造诣，一曲《胡笳十八拍》千古流传，其成就与蔡邕的丰厚藏书不无关系。

晚年的蔡邕因喜爱“建安七子”之一王粲的才学，便将所藏的一批书赠送给王粲。对此，《后汉书》中有生动的记载：献帝西迁时，王粲来到长安，蔡邕见而奇之。当时蔡邕才学显著，在朝廷中地位尊贵，听说王粲来访，便倒屣相迎。王粲幼弱，且容貌短小，一座皆惊。蔡邕说，王粲乃王公孙也，身怀异才，他自愧弗如，便将所藏图书全都赠送给他。另外，蔡邕也曾将四千卷藏书留给蔡文姬，奈何文姬半生流离，藏书鲜有存者。

王弼（226—249）

王弼，字辅嗣，著名的经学家，是魏晋玄学的主要代表人物之一，与三国时著名谋士钟会齐名。王弼出身官宦世家，其外祖父是东汉末年的荆州牧刘表，祖父王粲得蔡邕赠书，后积聚至万卷。

据《三国志》的记载，王弼“幼而察慧，弱冠知名，辞才逸辨”，少年时即享有很高的名声，善辩能言，任过尚书郎，与何晏、夏侯玄等同开玄学风气。王弼虽英年早逝，但著作颇丰，曾为《老子》《周易》《道德经》等书作注，在马王堆《道德经》原文出现之前，他所注释的《道德经》曾是本书的唯一传本。

王粲曾聚书万卷，王粲病逝后，其子卷入谋反案件而被处刑，藏书便传给侄子王业，即王弼之父。王弼继承家族藏书而得以博览群书，年纪轻轻便能为艰深的《周易》等书作注，与其藏书密不可分。

沈约（441—513）

沈约，字休文，是南朝史学家、文学家。他出身贵族，地位显赫，当时所谓“江东之豪，莫强周、沈”，沈即沈约的家族。其父曾任宋淮南太守，后被诛杀，因此沈约少年流离，但笃志好学，博通群籍，曾在宋、齐、梁三朝为官，在齐梁文坛名望甚重。暮年时他身体消瘦，人称沈约瘦腰，南唐国主李煜词中的“沈腰潘鬓消磨”，明代夏完淳的“酒杯千古思陶令，腰带三围恨沈郎”中的沈腰、沈郎即指沈约瘦腰的典故。

沈约诗文兼备，著有《晋书》《宋书》《齐纪》等多部史书及文学著作，并起草过当时许多重要诏诰。他藏书颇丰，《湖州府志》记载其有两万卷之多，得“沈约藏书冠京师”之名。沈约后来见到王筠，认为藏书可遇贤者而与之，便效仿蔡邕，将多数藏书赠送给了王筠。

任昉（460—508）

任昉，字彦昇，小字阿堆，南朝梁文学家，其父任遥是齐中散大夫，任昉也历仕宋、齐、梁三朝。任昉擅长写表、奏、书、启等文体，所起草的文书可一气呵成，沈约称赞他“心为学府，辞同锦肆”。因当时沈约以诗著称，时人合称“任笔沈诗”。在梁武帝灭齐时，任昉与沈约共主文翰，起草诏书。梁武帝即位后，任昉担任御史中丞、秘书监。

少年的任昉好学不倦，虽然家贫但逐步聚书至万卷。他嗜书如命，所藏书籍多是精校全本，其中不乏异本。利用这些藏书，任昉有诸多著作问世，才名永传。任昉去世后，沈约等人整理书目，因任昉的部分藏书是宫中所没有的，遂藏入宫中，是典型的私藏补充宫藏之例。

阮孝绪（479—536）

阮孝绪，字士宗，南朝梁目录学家。性格沉静，喜藏书，酷好学，《七录》中说他“少爱坟籍，长而弗倦”。卧病闲居时皆以书为伴，晨光微露之时便开卷读书，直至夜深才收起书卷入眠，即便如此还要感叹书中奥秘无穷，探之不尽。

阮孝绪淡泊名利，梁武帝建朝时，他并未出仕，只藏书苦读，耕耘书圃。其住处唯有一床，周围竹树相绕，孝绪读书其中，学养精进。著有多部传世之书，其中目录学典籍《七录》最为有名，可惜原书已失传。

萧统（501—531）

萧统，字德施，小字维摩，南朝梁代文学家，是梁武帝萧衍长子，曾被立为太子。然而他英年早逝，未即位便去世，谥号“昭明”，后世称之为“昭明太子”。其所编撰的《文选》又称《昭明文选》，是我国最早的诗文选集，南北朝以后的历代士人学习诗赋皆以此为范本。

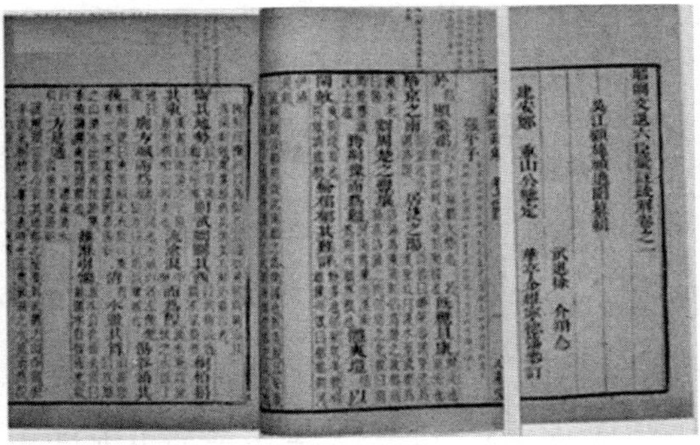

清刻《昭明文选》书影

身为皇室贵胄，萧统少时即有才气，爱好文学，通今博古且深通礼仪，性情纯孝仁厚。立为太子后，萧衍让他代理朝政，萧统“明于庶事，纤毫必睹，精于政务”。南朝萧梁宗室中，藏书之风盛行，梁武帝及其后诸王皆有藏书。萧统亦酷爱书籍，在东宫收藏图书三万余卷，并招纳四方人才商讨篇籍，评论古今时政，其中就包括《文心雕龙》的作者刘勰。

魏徵（580—643）

魏徵，字玄成，唐朝政治家。曾任谏议大夫、左光禄大夫，封郑国公，以直谏敢言著称，是中国历史上最负盛名的谏臣。他性格刚直，知无不言，冒死以谏，与唐太宗的劝谏和纳谏故事家喻户晓，其“兼听则明，偏信则暗”“居安思危，戒奢以俭”等言论也流传千古。

魏徵少时孤贫，落拓有大志，最初任武阳郡丞元宝藏典书记，后辗转归唐。为官期间，他多有著述，因唐初典籍散乱，便校订四部之书，“数年之内，秘府图籍，粲然毕备”，并统领编写《隋书》，其中的《经籍志》是《汉书·艺文志》之后另一部重要的史志目录。其藏书情况可从《旧唐书·薛稷传》中得以印证，“稷外祖魏徵家富图籍，多有虞、褚旧迹，稷锐精模仿，笔态遒丽，当时无及之者”。

颜师古（581—645）

颜师古，名籀，字师古，唐初儒家学者、经学家、语言文字学家、历史学家。颜师古是著有《颜氏家训》的名儒颜之推的孙子，其弟颜勤礼是唐代著名书法家颜真卿的曾祖父。

颜师古少传家业，遵循祖训，博览群书，学问通博，擅长于文字、训诂、声韵、校勘之学。唐太宗贞观年间，他受诏考证国家藏书中一些书籍的文字及古书伪谬之处，并与魏徵等一同撰修《隋书》。著有《汉书注》等多部书籍，有文集四十卷。他才名卓著，亦有藏书，爱好藏古图画、器物、书帖，四处搜求古迹及古器，耽好不已。

上官婉儿（664—710）

上官婉儿，唐代女诗人，也是皇妃、宫中女官，掌管宫中制诰多年，有“巾帼宰相”之名。其祖父上官仪是唐代宰相，上官仪获罪被杀后，上官婉儿被配入内廷为婢，后为武则天重用。

出身高贵却命途坎坷，自幼长于宫中，上官婉儿博览群书，熟读诗书后亦能吟诗著文。她才思敏捷，诗歌方面成就颇高，辞甚绮丽。在宫中赋诗时，突破初唐宫廷诗的绮错婉媚之风，诗文或波澜壮阔，或清新隽永，颇有气度。

唐中宗时，上官婉儿被封为昭容，在政坛、文坛地位卓著。曾建议扩大书馆、增设学士，还能品评天下诗文。才华横溢之外，也擅长舞蹈。吕温的《上官昭容书楼歌》中的“自言才艺是天真，不服丈夫胜妇人。歌阑舞罢闲无事，纵恣优游弄文字”，恰是对其的描述。

上官婉儿藏书万卷有余，质量极高，且保存得当，所谓“纸上香多蠹不成，昭容题处犹分明”，可见由于纸上香多书并不受蠹虫之害。被李隆基赐死后，其藏书散落民间。

杜甫（712—770）

杜甫，字子美，自号少陵野老，后世亦称“杜工部”“杜少陵”，是唐代伟大的现实主义诗人。被后人尊为“诗圣”，其诗被尊为“诗史”，与李白并称“李杜”，在我国家喻户晓。他的代表作“三吏”（《新安吏》《石壕吏》《潼关吏》）、“三别”（《新婚别》《垂老别》《无家别》）亦千古传诵。他诗艺精湛，备受推崇，书法方面亦有造诣，楷、隶、行、草兼工，有“书贵瘦硬方通神”之说。

杜甫自幼好学，七岁便能作诗，唐玄宗开元、天宝中，两度应考进士不第。安史之乱后，自长安潜逃行在，任左拾遗，后携家眷入蜀定居，浣花草堂的书斋中即有藏书。

刘禹锡（772—842）

刘禹锡，字梦得，唐代中晚期著名诗人、文学家，有“诗豪”之称。与白居易唱和较多，时称“刘白”，与柳宗元并称“刘柳”。刘禹锡出身于世代以儒学相传的书香门第。贞元九年（793），擢进士第，曾任监察御史。后被贬为朗州刺史，在此期间与白居易相交。其后又有升迁贬谪，仕途坎坷。

刘禹锡的诗大都简洁明快，风情俊爽。他认为诗文应在千锤百炼后复归自然，重视诗歌意蕴境界，留下诸多传世名篇。他在《偶作二首》诗中写道：“万卷堆床书，学者识其真。”此“万卷”虽非具体数字，却也可见其藏书规模。

白居易（772—846）

白居易，字乐天，晚年号香山居士，唐代现实主义诗人，有“诗魔”“诗王”之称，在日本则称他为“诗神”。他主张“文章合为时而著，歌诗合为事而作”，作品《长恨歌》《卖炭翁》《琵琶行》等享有盛名，唐宣宗就曾作诗赞他：“缀玉联珠六十年，谁教冥路作诗仙？浮云不系名居易，造化无为字乐天。童子解吟长恨曲，胡儿能唱琵琶篇。文章已满行人耳，一度思卿一怆然。”

白居易藏书颇富，认为“虽有子弟，无书不能训也”，遂建池北书库以藏书。《春日闲居三首》中云：“陶云爱吾庐，吾亦爱吾屋。屋中有琴书，聊以慰幽独。”在起伏跌宕的仕宦生涯中，书籍是最好的慰藉。

柳宗元（773—819）

柳宗元，字子厚，唐代杰出的诗人，唐宋八大家之一，与唐宋八大家之首的韩愈并称“韩柳”，作品有诗歌、辞赋、散文、游记、寓言、杂文等诸多形式。柳宗元少年时精敏绝伦，其文章卓伟精致，时人推崇备至。进士及第后，柳宗元曾任礼部员外郎，后贬为永州司马。其诗多抒悲愤抑郁、怀友思乡之情，亦有清雅秀丽、疏淡明朗的山水闲适之作。

柳宗元家中藏书甚富，他曾得皇帝钦赐图书三千卷，自身也有藏书，然而到后来，“家有赐书三千卷，尚在善和里旧宅，宅今已三易主，书存亡不可知”。

耶律倍（899—936）

耶律倍，契丹名图欲，汉名倍，辽代契丹人，是辽太祖耶律阿保机长子，深受其父器重，被立为皇太子。耶律倍自幼聪颖好学，文化修养很高，尤为推崇中原的儒家文化。

作为少数民族的皇太子，耶律倍却有浓郁的汉族文化情结。他通音律，晓阴阳，精于医药、砭灸之术，可作契丹文和汉文的文章，也能作画，擅长绘画水草放牧、游骑射猎的情景。其绘画作品现收藏于美国纽约大都会博物馆、波士顿美术博物馆、台北故宫博物院等处。

《辽史》中记载，耶律倍曾买书至万卷，收藏在他所隐居的医巫闾山绝顶之上的望海堂。

欧阳修（1007—1072）

欧阳修，字永叔，号醉翁，晚号六一居士，北宋政治家、文学家、史学家，是唐宋八大家之一，后世又将其与韩愈、柳宗元和苏轼合称“千古文章四大家”。欧阳修一生写了数百篇散文，于诗歌上也卓有成就，苏轼评价他“论大道似韩愈，论事似陆贽，记事似司马迁，诗赋似李白”。

少年的欧阳修就喜爱读书，常从别处借书抄读，天资聪颖的他在抄完书后即可成诵。晚年时，取别号六一居士也与藏书相关：“吾家藏书一万卷，集录三代以来金石遗文一千卷，有琴一张，有棋一局，而常置酒一壶……以吾一翁，老于此五物之间，是岂不为六一乎？”在《六一居士传》中如此解释其名号来源，既风雅有趣，亦洒脱透彻。

宋敏求（1019—1079）

宋敏求，字次道，北宋文学家、史地学家，也是藏书家，官居史馆修撰，累迁龙图阁直学士。宋氏藏书始自敏求祖父，为官时曾多次获得朝廷赐书，后又接手了别家藏书，宋家几代人也不断抄书、购书，至宋敏求时，藏书增至三万卷。

宋氏所藏图书皆经过三五遍之校勘，十分精良，当时士大夫中喜好读书之人，多愿意居住宋敏求附近，以便借书观读。可惜这些藏书在元符年间被火焚毁，化为烟尘。

曾巩（1019—1083）

曾巩，字子固，世称“南丰先生”，是唐宋八大家之一。其祖父做过尚书户部郎中，父为太常博士，后被罢官。曾巩天资聪慧，为人警敏，读书数百言，脱口便可成诵。其文章常有过人之处，欧阳修见其文笔独特，非常赏识，称赞他“过吾门者百千人，独于得生为喜”。

任职于史馆时，曾巩每校一书，必为之撰写序文，“辨章学术，考镜源流”。他一生整理古籍、编校史书，成就颇高。爱书者必藏书，曾巩借职务之便，广览博收，珍藏古籍达两万多册，并收集篆刻五百卷。其弟曾肇无其他嗜好，唯藏书万卷，并亲自校雠，终老不倦。

司马光（1019—1086）

司马光，字君实，号迂叟，世称涑水先生，是北宋著名政治家、文学家、史学家，历仕宋仁宗、英宗、神宗、哲宗四朝，谥号文正，追赠太师、温国公。

宋仁宗时，司马光中进士，英宗时进龙图阁直学士、翰林学士。后编成《资治通鉴》，参阅了宋代官府之龙图阁、天章阁、史馆、昭文馆、集贤院、秘阁等处的藏书和私家藏书，集文献史料之大成，有“典刑之总会，册牍之渊林”的美誉。

司马光家藏丰富，曾买田二十亩建独乐园，藏有文史书籍万余卷，其中又开辟读书堂，藏精善之本五千卷。他不仅藏书，也十分爱惜书，教育其子曰：“贾竖藏货贝，儒家唯此耳，然当知宝惜。”他读书时不以空手捧书，唯恐手汗沾湿书页，所读之书终身如新。每年二伏至重阳期间，他还挑天气晴朗之日曝书，设洁净桌案，铺以茵褥，十分爱护书籍。

晏几道（1030—1106）

晏几道，字叔原，号小山，宋代著名词人。其父晏殊也是北宋著名词人，能诗善词，文章典丽，颇多藏书，著名文学家范仲淹、欧阳修皆出自晏殊门下。晏氏父子二人在词学上造诣颇深，世称“大晏”和“小晏”。

晏几道性格高傲自负，不与人同，自幼潜心六艺，文采出众，其词浓挚深婉，工于言情，自成一格，至晚年时家境中落，词风哀感缠绵，怀往事，抒哀愁，饱含感伤。他好藏书，能诗词，原藏书极多，每每搬迁之时书籍总成为负累，被妻子嫌弃，晏几道便戏作诗云：“生计惟兹惋，搬擎岂惮劳。”其爱书之心可见一斑。

赵宗绰（1034—1096）

赵宗绰是宋太宗赵炅的曾孙，早年与宋英宗同学于官邸，曾任河阳三城节度使、检校司徒等职，卒后赠太师，追封荣王，谥孝靖。荣王家中收藏颇富，藏书达七万余卷，其中多有宋三馆秘阁所无之书，然而靖康之乱后，这些藏书都被金人捆载而去。

叶梦得（1077—1148）

叶梦得，字少蕴，宋代词人。历任翰林学士、户部尚书等职，晚年隐居在湖州弁山玲珑山石林，故号石林居士。叶梦得学问博洽，工于文辞，其文辞深厚清隽，常有感怀国事之作。

宣和五年（1123），叶梦得筑别馆于石林谷，建藏书楼以藏十万卷书，极为华焕，与宋宣献同称两大藏书家。然而皇统七年（1147），一场大火将藏书楼化为瓦砾，十万卷藏书俱为灰烬，叶梦得也因此而忧郁病卒。事实上，他的藏书所经损毁不止此次，在《避暑录话》中，叶梦得写道："余家藏旧书三万余卷，丧乱以来，所亡几半。山居狭隘，余地置书无几，雨漏鼠啮，日复蠹败。"书籍损毁却无能为力，终身所蓄图书毁于一旦，也难怪年事已高的叶梦得无法承受。

晁公武（1105—1180）

晁公武，字子止，人称“昭德先生”，是南宋著名的目录学家、藏书家。自幼喜读群书，半生为官。在四川为官时，四川转运使井度以藏书巨富而知名，井度临终时担心“子孙稚弱，不自树立。若其心爱名，则为贵者所夺；若其心好利，则为富者所售，恐不能保也”，遂将平生藏书赠给晁公武。

晁氏藏书源远流长，曾遭火灾及战乱而有所损毁，至晁公武时又迅速崛起。晁公武得井度赠书，整理后共有书籍两万多卷。他精心校勘阅读，为每本书写提要、考究版本，写成《郡斋读书志》二十卷，是我国现存最早的、具有提要内容的私藏书目。

陆游（1125—1210）

陆游，字务观，号放翁，南宋著名诗人。他出生于宋金战火烽烟之中，素有报国之志，孝宗时赐进士出身，中年时入蜀投军，官至宝章阁待制，晚年则退居家乡。

少年时陆游即好学爱读书，其父陆宰是南宋越中三大藏书家之一，有万余卷藏书。陆游为读书而废寝忘食，写诗曰：“我生学语即耽书，万卷纵横眼欲枯。”他继承父志，一生藏书不辍，游历四川、福建等地时皆购书以藏，越中三大藏书家中，石氏、诸葛氏藏书散佚，唯有陆氏藏书不衰。

陆游的藏书，来自日积月累的搜罗，后建有藏书楼高斋、书巢、双清堂，并建老学庵为读书之所。《渭南文集》中有一篇《书巢记》解释“书巢”来历，甚为有趣：室内书籍或置于架上，或陈于前，或枕籍于床，俯仰起居皆以书为伴，起身时有乱书围绕，如处巢中，故名“书巢”。

元好问（1190—1257）

元好问，字裕之，号遗山，系出北魏鲜卑族拓跋氏，曾任金国多个官职，金亡不仕。他工于诗文，诗词风格沉郁，在金元之际颇孚众望，一句“问世间情为何物，直教人生死相许”传唱千古。

他所著《故物谱》中说，家中多藏书，皆宋元祐以前旧物，然而在战乱中焚毁，所剩无几。后建野史亭藏书千卷，元好问在其中读书著述，取金国历代实录，晨夕抄集，至百余万言，然而书未完成，人已辞世。

唐寅（1470—1523）

唐寅，字伯虎，一字子畏，号六如居士、桃花庵主、鲁国唐生、逃禅仙吏等，是明代著名画家、文学家。他才华横溢，工于诗文，与祝允明、文徵明、徐祯卿并称“江南四大才子”。在书画方面，唐寅有极高的天分，擅长山水、人物、花鸟，山水或雄伟，或清俊，人物清雅优美，花鸟洒脱秀逸，有诸多名画传世。书法上也有成就。

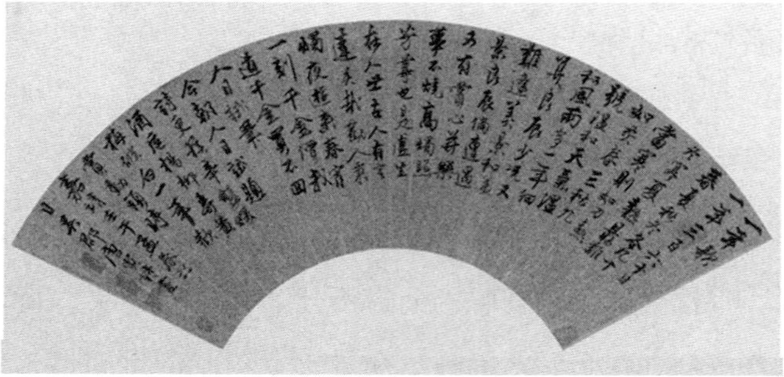
唐寅书法作品《一年歌》

“左陈四五册，右倾三两壶”，诗书酒酿兼具，醉中读书，实为惬意之事。唐寅藏书于梦墨亭、学圃堂等处，其中以宋元版本为多，多有精刻书籍。其所用藏书印、藏书画印有“南京解元唐寅”“唐伯虎印”“梦墨亭”“学圃堂珍藏书籍”“唐居士印”“梦墨亭六如居士”等。

王世贞（1526—1590）

王世贞，字元美，号凤洲，明代文学家、史学家，是“后七子”领袖之一。他是嘉靖年间进士，官至刑部尚书，喜欢古诗文，倡导文学复古，认为“文必秦汉，诗必盛唐”。

在私人藏书家中，以重金求购珍贵典籍的事迹屡屡发生。王世贞在做尚书时，曾遇到书商卖一部版本精美、装帧考究的宋版《两汉书》，但要价极高，王世贞身上并无足够现银，又怕书被别人买走，便用一座庄园换此书，轰动一时。

王世贞家藏甚富，在其小酉馆中藏有三万余卷书籍，另有藏经楼收藏经学之书。他平生所购《周易》《礼经》《毛诗》《左传》《史记》《三国志》《唐书》之类，过三千余卷，均为宋本精椠。有尔雅楼和九友斋，专门收藏宋椠元刊。

汤显祖（1550—1616）

汤显祖，字义仍，号海若、若士、清远道人，明代戏曲家、文学家。汤家世代书香，累世藏书，极重视教育。汤显祖万历十一年（1583）中进士，任太常寺博士、礼部主事，后因不依附权贵而免官，不再出仕。他不仅精于古文诗词，也通天文地理、医药卜筮，在戏曲创作上成就最高，著有传奇《牡丹亭》《邯郸记》《南柯记》《紫钗记》，合称“玉茗堂四梦”。

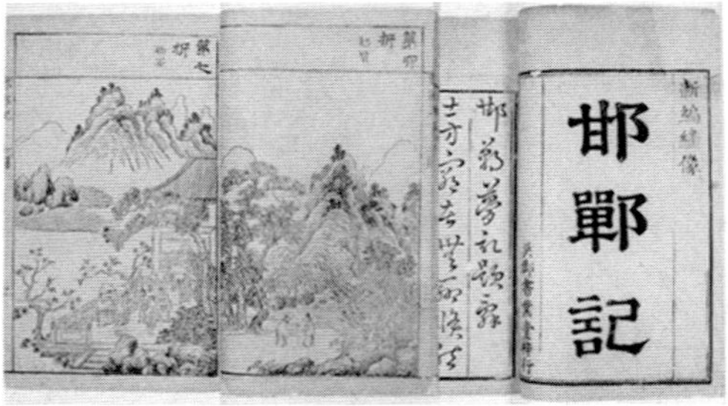

《邯郸记》书影

汤显祖的高祖藏书四万余卷，好诗文；祖父博览群书，精于黄老学说，善诗文；父亲汤尚贤是嘉靖年间著名老庄学者、藏书家。汤显祖继承读书藏书之风，尤爱戏曲，藏有元剧本千余种，许多剧本还是世所不见之书，藏书与创作相得益彰。

胡应麟（1551—1602）

胡应麟，号少室山人，别号石羊生，明朝著名学者、诗人。他在文献学、史学、诗词、小说及戏剧方面皆有突出成就，可称一代学术巨匠。万历四年（1576）中举人后，胡应麟久试不第，从此布衣一生，四处游历，广交朋友，搜寻古书文物，专心藏书，著书立说。

自幼好读书的胡应麟，每遇到好书便要购买，钱不够时就卖妻子首饰，或是典衣购书，十余年间，家产用尽。他曾收购义乌藏书家虞守愚的旧藏万卷，积聚经、史、子、集、佛、道、类书、杂家之书达四万余卷，藏于二酉山房，并著有《少室山房笔丛正集》《少室山房类稿》等三十七种三百四十七卷。

钱谦益（1582—1664）

钱谦益，字受之，号牧斋，晚号蒙叟、东涧老人，是清初诗坛的盟主之一，也是东林党的领袖。他是万历三十八年（1610）进士，官至礼部侍郎，降清后仍为礼部侍郎。在史学、诗词、收藏、版本学等方面，钱谦益皆有建树，在文坛极负盛名。

年轻的钱谦益即喜好古书善本，因藏书颇富而闻名江南，尽得刘凤、钱允治、杨仪、赵用贤四家藏书，有唐写本、宋元本、珍稀本万余卷。钱谦益所藏图书中多有宋元旧刻，他不惜高价广肆购求古本，曾以一千二百金的高价购得王世贞曾以一座庄园换得、后散落民间的《两汉书》。

中年时，钱谦益曾以拂山水房收藏书籍，后来兴建绛云楼，作为和秦淮名妓柳如是的居所。柳如是工于书法，诗词上也有造诣。成婚后两人在绛云楼藏书万卷，博考群籍，以校对、整理书籍为乐，可媲美北宋赵明诚、李清照夫妇藏书之乐。

绛云楼中藏书极丰，钱谦益自谓“我晚而贫，书则可云富矣”，学者称“大江以南，藏书之富无过于钱”。然而这些可与清廷内府藏书媲美的书籍，却在顺治七年（1650）的一场大火中化为灰烬，可算江左书史图籍之一劫，令人无限惋惜。

毛晋（1599—1659）

毛晋，原名凤苞，字子久，后改字子晋，号潜在，是明末著名藏书家、出版家、文学家。毛晋无意于仕途，立志藏书，为搜集善本遗书而不惜以高价求购，积聚图书八万余册，建立汲古阁、绿君亭、目耕楼等藏书。所藏图书中多有宋代、元代刻本。

对宋版元椠，毛晋会进行精心校刻，并雇人以精良的纸张墨锭抄写，所抄写的图书字迹工整，十分著名。基于大量精良的宋元书籍，毛晋开始经营校勘刻书事业，刊刻文集、词曲、传记、小说等诸多类型的图书。因其刻本质量极高，购书者甚众，得“毛氏之书走天下”之名。毛氏也是刻书最多的私人藏书家。

黄宗羲（1610—1695）

黄宗羲，字太冲，一字德冰，号南雷，别号梨洲老人、梨洲山人、鱼澄洞主、蓝水渔人、双瀑院长、古藏室史臣，是明末清初经学家、史学家、思想家。他学识广博，思想深邃，著作丰富，在地理、天文历算、乐律、释道两教等方面皆有研究，与顾炎武、王夫之并称明末清初三大思想家，亦有“中国思想启蒙之父”的美誉。

黄宗羲渊博的学问来自其丰厚的藏书。少年时即喜爱抄书、借书以读，读遍家中藏书后，还借抄天一阁、传是楼、绛云楼、澹生堂等著名藏书楼的图书，其求访图书的足迹几乎遍布江南各大著名藏书楼。读书的基础上，撰写了《天一阁藏书记》《传是楼藏书记》等书，价值极高。

在继承家族藏书的基础上，黄宗羲也嗜好藏书，不断积累。祁氏澹生堂的藏书散出后，黄宗羲收藏了其中大半精华图书。当时许多藏书家还重藏轻用，黄宗羲则反对只藏不用、视书籍为珍玩的想法，他主张藏以致用，其书多藏于续钞堂中，数量可观。然而经水、火之灾后，书籍毁损大半，其弟子郑性整理后仅得三万卷遗书，藏入二老阁中。

曹寅（1658—1712）

曹寅，字子清、幼清，号楝亭，又号荔轩，清代文学家、藏书家，中国四大名著之一《红楼梦》的作者曹雪芹的祖父，历任江宁织造、巡视两淮盐政、通政使。曹寅善骑射，为人风雅，工于诗词，通晓音律，著述极丰。

曹寅藏书赏画之处名“楝亭”，此名得自家门外种植的数株楝树及一座小亭。为官之余，曹寅以购书、校勘为乐，常往来书肆之间购买书籍，也从其他藏书家手中购买图书，前后收书十万卷。所藏书籍中，宋元版本较多，校勘也十分精良。然而曹寅死后，曹家被抄家，藏书亦随之散佚。

马曰琯（1687—1755）

马曰琯，字秋玉，号嶰谷，清代著名盐商，也是著名的藏书家。马曰琯家庭豪富，交游四方，科举不第后从商，是清代前期扬州徽商的代表人物之一。他一生喜好诗文藏书，与诸多文人雅士皆有来往，先后购买了传是楼、曝书亭的藏书，聚书十万余卷，建有小玲珑山馆、丛书楼等书库。

在小玲珑山馆中，马曰琯广结四方名流，与全祖望、厉鹗、郑板桥等皆有来往，并请著名学者帮助他校勘书籍、编次书目，全祖望称赞他“其书精核，更无讹本”。此外，马曰琯也乐于将图书借给他人阅读，尤其是与学者、儒士交流，以资著述。

乾隆因编修《四库全书》向全国征书时，马氏献书七百余种，居全国之冠，得乾隆钦赐《古今图书集成》一部。马曰琯以盐业致富，多有义举，亦有诗名，乾隆南巡时，曾因其藏书、诗文之名而亲驾其园。

黄丕烈（1763—1825）

黄丕烈，字绍武，一字承之，号荛圃、秋清居士、知非子等。乾隆五十三年（1788）中举人，嘉庆六年

（1801）发往直隶知县不就，后专心治学藏书，终成清代乾嘉时期著名藏书家、目录学家、校勘家。

黄丕烈生平无其他嗜好，唯独喜好藏书，尤其钟爱宋本书，自号佞宋主人。一旦听说有宋元的精本善籍，他便不惜重金求购，后来收集百余种宋版书，为其建藏书之所“百宋一廛”。廛是田地、庄园之意，寓意百本宋版书的价值可抵过一座庄园。他极为嗜书，为此而开创祭书之仪，每年除夕时邀请书友举行祭书之典。

佞宋而外，黄丕烈兼收并蓄，经史子集四类无所不爱，无所不包，所藏古今善本、珍本、秘本都极为丰富，有士礼居、读未见书斋、陶陶室、小千顷堂、学海山居、求古居、红椒山馆、学耕堂、冬蕙山房等十余藏书处。黄丕烈基于大量的藏书进行校勘品评，经他校勘的书籍具有极高的价值，叶昌炽在《藏书纪事诗》中评价他：“乾嘉以来藏书家，当以先生为一大宗。”

附录

历代官、私藏书一览

名称（按朝代和拼音排序）	建筑年代	地点（按现代行政区划）	类别	始建者
龟室	周代	陕西岐山	官府藏书	
盟府	周代		官府藏书	
太史府	周代		官府藏书	
图室	周代		官府藏书	
兰台	汉代		官府藏书	
麒麟阁	汉代	陕西西安	官府藏书	
石室	汉代	陕西西安 河南洛阳	官府藏书	
石渠阁	西汉	陕西西安	官府藏书	
太卜	西汉	陕西西安	官府藏书	
太常	西汉	陕西西安	官府藏书	
天禄阁	西汉	陕西西安	官府藏书	
辟雍	东汉	河南洛阳	官府藏书	
东观	东汉	河南洛阳	官府藏书	
鸿都	东汉	河南洛阳	官府藏书	
仁寿闼	东汉	河南洛阳	官府藏书	
宣明殿	东汉	河南洛阳	官府藏书	
长沙寺	魏晋	湖北荆州	佛教藏书	

名称（按朝代和拼音排序）	建筑年代	地点（按现代行政区划）	类别	始建者
龙华寺	三国	上海	佛教藏书	
水北寺	西晋	河北邢台	佛教藏书	
水南寺	西晋	河北邢台	佛教藏书	
东林寺	东晋	江西庐山	佛教藏书	
嘉祥寺	东晋	浙江绍兴	佛教藏书	
灵隐寺	东晋	浙江杭州	佛教藏书	
秘阁	东晋	江苏南京	官府藏书	
檀溪寺	东晋	湖北襄阳	佛教藏书	道安
大寺	后秦	陕西西安	佛教藏书	
道场寺	南北朝	江苏南京	佛教藏书	
定林寺	南北朝	江苏南京	佛教藏书	
华林园	南朝梁	江苏南京	官府藏书	
麟趾殿	北周	陕西西安	官府藏书	
龙兴祥符戒坛寺	南朝梁	浙江仁和	佛教藏书	
栖霞寺	南齐	江苏南京	佛教藏书	
文德殿	南朝梁	江苏南京	官府藏书	
文林馆	北齐	河北临漳	官府藏书	

名称（按朝代和拼音排序）	建筑年代	地点（按现代行政区划）	类别	始建者
五重寺	前秦	陕西西安	佛教藏书	
香山寺	北魏	河南洛阳	佛教藏书	
永宁寺	北魏	河南洛阳	佛教藏书	
总明观	南朝宋	江苏南京	官府藏书	
大兴善寺	隋代	陕西西安	佛教藏书	
国清寺	隋代	浙江天台山	佛教藏书	
慧日、法云道场	隋代	江苏扬州	佛教藏书	
龙井寺	隋代	浙江杭州	佛教藏书	
龙兴寺	隋代	甘肃敦煌	佛教藏书	
青龙寺	隋代	陕西西安	佛教藏书	
云居寺	隋代	北京房山	佛教藏书	
布达拉官	唐代	西藏拉萨	佛教藏书	
池北书库	唐代	河南洛阳	私人藏书	白居易
崇文馆	唐代	陕西西安	官府藏书	
大慈恩寺	唐代	陕西西安	佛教藏书	
大敬爱寺	唐代	河南洛阳	佛教藏书	
大云寺	唐代	浙江湖州	佛教藏书	

名称（按朝代和拼音排序）	建筑年代	地点（按现代行政区划）	类别	始建者
道林寺	唐代	湖南潭州	佛教藏书	
桂岩书院	唐代	江西高安	书院藏书	
集贤院	唐代	陕西西安	官府藏书	
金阁寺	唐代	山西五台山	佛教藏书	
秘书省	唐代	陕西西安、河南洛阳	官府藏书	
南禅院	唐代	江苏苏州	佛教藏书	
清凉寺	唐代	山西五台山	佛教藏书	
三界寺	唐宋	甘肃敦煌	佛教藏书	
司经局	唐代	陕西西安	官府藏书	
西明寺	唐代	陕西西安	佛教藏书	
义门书院	唐代	江西德安	书院藏书	陈衮
昭文馆	唐代	陕西西安	官府藏书	
岳麓书院	唐末五代	湖南长沙	书院藏书	
华林书院	南唐	江西奉新	私人藏书	胡珰
白鹿洞书院	宋代	江西九江	书院藏书	朱熹
宝文阁	宋代	河南开封	官府藏书	
崇文院	宋代	河南开封	官府藏书	

名称（按朝代和拼音排序）	建筑年代	地点（按现代行政区划）	类别	始建者
紬书阁	宋代	江苏南京	公共藏书	叶梦得
归来堂	宋代	山东青州	私人藏书	赵明诚
鹤山书院	宋代	四川蒲江	书院藏书	魏了翁
徽猷阁	宋代	河南开封	官府藏书	
金华山智者禅院	宋代	浙江金华	佛教藏书	
郡斋	宋代		私人藏书	晁公武
丽泽书院	宋代	浙江金华	书院藏书	吕祖谦
梁山书堂	宋代	福建漳浦	书院藏书	吴与
龙图阁	宋代	河南开封	官府藏书	
萨迦寺	宋代	西藏日喀则地区	佛教藏书	
石鼓书院	宋代	湖南衡阳	书院藏书	
石林别馆	宋代	浙江吴兴	私人藏书	叶梦得
嵩阳书院	宋代	河南登封	书院藏书	
遂初堂	宋代	江苏无锡	私人藏书	尤袤
太平兴国寺	宋代	河南开封	佛教藏书	

名称（按朝代和拼音排序）	建筑年代	地点（按现代行政区划）	类别	始建者
太清楼	宋代	河南开封	官府藏书	
天章阁	宋代	河南开封	官府藏书	
显谟阁	宋代	河南开封	官府藏书	
显圣寺	宋代	河南开封	佛教藏书	
象山书院	宋代	江西贵溪	书院藏书	陆九渊
应天府书院	宋代	河南商丘	书院藏书	
直斋	宋代		私人藏书	陈振孙
广胜寺	金代	山西赵城	佛教藏书	
望海堂	辽代	辽宁医巫闾山	私人藏书	耶律倍
承天寺	西夏	宁夏银川	佛教藏书	
高台寺	西夏	宁夏银川	佛教藏书	
草堂书院	元代	四川成都	书院藏书	达可
大兴教寺	元代	北京	佛教藏书	
都转运盐使司	元代	全国数地	官府藏书	
国子监	元代	北京	官府藏书	

名称 （按朝代和拼音排序）	建筑年代	地点 （按现代行政区划）	类别	始建者
翰林兼国史院	元代	北京	官府藏书	
锦江书院	元代	江西余江	书院藏书	
奎章阁	元代	北京	官府藏书	
秘书监	元代	北京	官府藏书	
青萝山房	元代	浙江浦江	私人藏书	宋濂
儒学提举司	元代	各行省	官府藏书	
太极书院	元代	北京	书院藏书	杨惟中
兴文署	元代	北京	官府藏书	
行省架阁库	元代	各行省	官府藏书	
宣慰司	元代	各道	官府藏书	
医学提举司	元代	北京	官府藏书	
艺文监	元代	北京	官府藏书	
颍昌书院	元代	河南许昌	书院藏书	冯孟周
八求楼	明代	浙江绍兴	私人藏书	祁彪佳
宝翰楼	明代	江西南昌	私人藏书	严嵩

名称（按朝代和拼音排序）	建筑年代	地点（按现代行政区划）	类别	始建者
宝米轩	明代	江苏苏州	私人藏书	张丑
宝文堂	明代	河南濮阳	私人藏书	晁瑮
北京国子监	明代	北京	官府藏书	
北京文渊阁	明代	北京	官府藏书	
长春宫	明代	北京	官府藏书	
城南精舍	明代	上海松江	私人藏书	莫云卿
传经堂	明代	浙江杭州	私人藏书	卓天演
丛书堂	明代	江苏苏州	私人藏书	吴宽
存余堂	明代	江苏江阴	私人藏书	朱承爵
大本堂	明代	江苏南京	官府藏书	
大科书院	明代	广东南海	书院藏书	
大梁书院	明代	河南开封	书院藏书	
淡泉书屋	明代	浙江海盐	私人藏书	郑晓
澹生堂	明代	浙江绍兴	私人藏书	祁承爜
澹园	明代	江苏南京	私人藏书	焦竑

名称（按朝代和拼音排序）	建筑年代	地点（按现代行政区划）	类别	始建者
得月楼	明代	江苏江阴	私人藏书	李诩 李如一
东里草堂	明代	江西泰和	私人藏书	杨士奇
东林书院	明代	江苏无锡	书院藏书	
独寤园	明代	浙江海盐	私人藏书	郑晓
尔雅楼	明代	江苏太仓	私人藏书	王世贞
二酉山房	明代	浙江兰溪	私人藏书	胡应麟
敷文书院	明代	浙江杭州	书院藏书	
汗竹巢	明代	福建闽县	私人藏书	徐𤊹
汗竹斋	明代	福建闽县	私人藏书	徐𤊹
好古堂	明代	浙江海盐	私人藏书	胡震亨
红雨楼	明代	福建闽县	私人藏书	徐𤊹
皇史宬	明清	北京	官府藏书	
丌册庋	明代	江苏常熟	私人藏书	孙楼
汲古阁	明代	江苏常熟	私人藏书	毛晋
寄园	明代	山西汾阳	私人藏书	孔天胤
空居阁	明末清初	江苏常熟	私人藏书	冯舒 冯班

名称（按朝代和拼音排序）	建筑年代	地点（按现代行政区划）	类别	始建者
龙岗书院	明代	贵州龙场	书院藏书	王守仁
箓竹堂	明代	江苏昆山	私人藏书	叶盛
绿雨楼	明代	北京	私人藏书	陆深
绿玉斋	明代	福建闽县	私人藏书	徐𤊹
脉望馆	明代	江苏常熟	私人藏书	赵用贤 赵琦美
懋勤殿	明代	北京	官府藏书	
妙赏楼	明代	浙江杭州	私人藏书	高濂
南京国子监	明代	江苏南京	官府藏书	
南京文渊阁	明代	江苏南京	官府藏书	
千顷斋	明代	江苏南京	私人藏书	黄居中
青藤书屋	明代	浙江绍兴	私人藏书	徐渭
清晖堂	明代	江苏常熟	私人藏书	孙七政
清秘藏	明代	江苏昆山	私人藏书	张应文
清森阁	明代	上海松江	私人藏书	何俊良
清远楼	明代	江苏苏州	私人藏书	柳佥

名称（按朝代和拼音排序）	建筑年代	地点（按现代行政区划）	类别	始建者
容春精舍	明代	江苏无锡	私人藏书	邵宝
色拉寺	明代	西藏拉萨	佛教藏书	
少室山房	明代	浙江兰溪	私人藏书	胡应麟
石磐斋	明代	江苏苏州	私人藏书	袁褧
世德堂	明代	江苏江阴	私人藏书	李诩
世善堂	明代	福建连江	私人藏书	陈第
世美堂	明代	上海嘉定	私人藏书	王致谦
双桧堂	明代	河南濮阳	私人藏书	李廷相
司礼监	明代	北京	官府藏书	
塔尔寺	明代	青海湟中	佛教藏书	
天籁阁	明代	浙江嘉兴	私人藏书	项元汴
天一阁	明代	浙江宁波	私人藏书	范钦
天逸阁	明代	安徽宣城	私人藏书	梅鼎祚
宛羽楼	明代	福建闽县	私人藏书	徐𤊹
万卷楼	明代	浙江鄞县	私人藏书	丰坊
卧读斋	明代	江苏苏州	私人藏书	杨循吉
卧云山房	明代	浙江宁波	私人藏书	范大澈
西爽楼	明代	江苏常熟	私人藏书	孙七政

名称（按朝代和拼音排序）	建筑年代	地点（按现代行政区划）	类别	始建者
小草斋	明代	福建长乐	私人藏书	谢肇淛
小宛堂	明代	江苏苏州	私人藏书	赵宧光
小酉馆	明代	江苏太仓	私人藏书	王世贞
心太平庵	明代	江苏南京	私人藏书	丁雄飞
绣石书堂	明代	江苏无锡	私人藏书	秦柱
续钞堂	明代	浙江余姚	私人藏书	黄宗羲
悬磬室	明代	江苏苏州	私人藏书	钱穀
学圃堂	明代	江苏苏州	私人藏书	唐寅
研乐堂	明代	江苏苏州	私人藏书	王鏊
雁里草堂	明代	江苏无锡	私人藏书	秦柄
夷白堂	明代	江苏苏州	私人藏书	顾元庆
逸老堂	明代	江苏苏州	私人藏书	俞弁
娱野园	明代	江苏常熟	私人藏书	何大成
虞山书院	明代	江苏常熟	书院藏书	
玉兰堂	明代	江苏苏州	私人藏书	文徵明
樾馆	明代	浙江杭州	私人藏书	吕坤
哲蚌寺	明代	西藏拉萨	佛教藏书	
真赏斋	明代	江苏无锡	私人藏书	华夏

名称（按朝代和拼音排序）	建筑年代	地点（按现代行政区划）	类别	始建者
紫芝堂	明代	江苏苏州	私人藏书	俞弁
爱日精庐	清代	江苏常熟	私人藏书	张金吾
鳌峰书院	清代	福建福州	书院藏书	
八千卷楼	清代	浙江杭州	私人藏书	丁申 丁丙
百嘉室	清代	江苏苏州	私人藏书	吴梅
百宋一廛	清代	江苏苏州	私人藏书	黄丕烈
拜经楼	清代	浙江海宁	私人藏书	吴骞
宝墨楼	清代	山东安丘	私人藏书	张贞
宝苏斋	清代	北京	私人藏书	翁方纲
抱经堂	清代	浙江杭州	私人藏书	卢文弨
北堂藏书楼	清代	北京	教会藏书	法国耶稣会
皕宋楼	清代	浙江湖州	私人藏书	陆心源
碧琳琅馆	清代	广东广州	私人藏书	方功惠
冰香楼	清代	浙江萧山	私人藏书	毛奇龄
不远复堂	清代	浙江	私人藏书	吕留良
持静斋	清代	广东揭阳	私人藏书	丁日昌

名称（按朝代和拼音排序）	建筑年代	地点（按现代行政区划）	类别	始建者
重华宫	清代	北京	官府藏书	
传是楼	清代	江苏昆山	私人藏书	徐乾学
传书堂	清代	上海	私人藏书	蒋汝藻
慈封堂	清代	江苏常熟	私人藏书	孙藩
丛书楼	清代	江苏扬州	私人藏书	马曰琯 马曰璐
丹枫阁	清代	山西祁县	私人藏书	戴廷栻
丹铅精舍	清代	浙江仁和	私人藏书	劳检 劳权 劳格
得树楼	清代	浙江海宁	私人藏书	查慎行
东堂藏书楼	清代	北京	教会藏书楼	
莪匪楼	清代	江苏常熟	私人藏书	钱曾
二老阁	清代	浙江慈溪	私人藏书	郑溱 郑梁等
二田斋	清代	浙江嘉兴	私人藏书	计光炘
樊榭山房	清代	浙江钱塘	私人藏书	厉鹗
方略馆	清代	北京	官府藏书	
凤凰楼	清代	沈阳	官府藏书	

名称（按朝代和拼音排序）	建筑年代	地点（按现代行政区划）	类别	始建者
甘孜寺	清代	四川甘孜	佛教藏书	
更生斋	清代	江苏武进	私人藏书	洪亮吉
耕养堂	清代	上海	私人藏书	王鸣盛
共读楼	清代	北京	私人藏书	国英
古董房	清代	北京	官府藏书	
古欢堂	清代	江苏苏州	私人藏书	吴翌凤
古香楼	清代	江苏苏州	私人藏书	吴翌凤
古香书屋	清代	天津	私人藏书	安岐
古越藏书楼	清代	浙江绍兴	私人藏书	徐树兰
诂经精舍	清代	浙江杭州	私人藏书	阮元
观古堂	清代	湖南湘潭	私人藏书	叶德辉
观海堂	清代	湖北武昌	私人藏书	杨守敬
广雅书院	清代	广东广州	书院藏书	张之洞
郭罗培真书院	清代	山东青州	教会藏书	怀恩光
国史馆	清代	北京	官府藏书	
海日楼	清代	上海	私人藏书	沈曾植

名称（按朝代和拼音排序）	建筑年代	地点（按现代行政区划）	类别	始建者
海源阁	清代	山东聊城	私人藏书	杨以增
含经堂	清代	江苏昆山	私人藏书	徐元文
和松庵	清代	河南商丘	私人藏书	宋荦
红豆山房	清代	江苏苏州	私人藏书	惠栋
花影庵	清代	天津	私人藏书	查为仁
会典馆	清代	北京	官府藏书	
积学斋	清代		私人藏书	徐乃昌
赍砚斋	清代	江苏苏州	私人藏书	何焯
稽瑞楼	清代	江苏常熟	私人藏书	陈揆
佳山堂	清代	山东临朐	私人藏书	冯溥
佳趣堂	清代	江苏苏州	私人藏书	陆漻
简学斋	清代	湖北武汉	私人藏书	叶志诜
鉴止水斋	清代	浙江杭州	私人藏书	许宗彦
绛云楼	清代	江苏常熟	私人藏书	钱谦益
椒花吟舫	清代	北京	私人藏书	朱筠
焦山书藏	清代	江苏扬州	佛教藏书	阮元
结一庐	清代	浙江杭州	私人藏书	朱学勤
借书园	清代	山东济南	私人藏书	周永年

名称（按朝代和拼音排序）	建筑年代	地点（按现代行政区划）	类别	始建者
借月山房	清代	江苏常熟	私人藏书	张海鹏
津逮楼	清代	江苏南京	私人藏书	甘福
京师大学堂藏书楼	清末	北京	学校藏书	
经训堂	清代	江苏太仓	私人藏书	毕沅
敬典阁	清代	辽宁沈阳	官府藏书	
静惕堂	清代	浙江嘉兴	私人藏书	曹溶
居敬轩	清代	天津	私人藏书	陈惟壬
卷庵	清代	浙江杭州	私人藏书	吴景葵
筠清馆	清代	广东南海	私人藏书	吴荣光
开万楼	清代	浙江杭州	私人藏书	汪启淑
拉卜楞寺	清代	甘肃夏河	佛教藏书	
赖古堂	清代	江苏南京	私人藏书	周亮工
乐善堂	清代	北京	私人藏书	弘晓
郦亭	清末民初		私人藏书	朱希祖
廉石居	清代	江苏武进	私人藏书	孙星衍
梁祠图书馆	清代	广东广州	私人藏书	梁鼎芬

名称（按朝代和拼音排序）	建筑年代	地点（按现代行政区划）	类别	始建者
邻苏园	清代	湖北黄州	私人藏书	杨守敬
灵隐书藏	清代	浙江杭州	佛教藏书	翁方纲
龙门书院	清代	上海	书院藏书	丁日昌
梦选楼	清代	浙江金华	私人藏书	胡宗楙
木樨轩	清代	江西九江	私人藏书	李盛
南书房	清代	北京	官府藏书	
南堂藏书楼	清代	北京	教会藏书	利玛窦
内阁大库	清代	北京	官府藏书	
孽海	清代	江苏苏州	私人藏书	石韫玉
培林堂	清代	江苏昆山	私人藏书	徐秉义
平安馆	清代	湖北武汉	私人藏书	叶志诜
平津馆	清代	山东德州	私人藏书	孙星衍
瓶花斋	清代	浙江杭州	私人藏书	吴焯
曝书亭	清代	浙江嘉兴	私人藏书	朱彝尊
七桧山房	清代	江苏常熟	私人藏书	杨仪
千元十驾	清代	浙江海宁	私人藏书	吴骞
乾清宫	清代	北京	官府藏书	

名称（按朝代和拼音排序）	建筑年代	地点（按现代行政区划）	类别	始建者
潜研堂	清代	上海	私人藏书	钱大昕
青纶馆	清代	河南商丘	私人藏书	宋荦
求志书院	清代	上海	书院藏书	冯焌光
群碧楼	清代	江苏苏州	私人藏书	邓邦述
热河行宫	清代	河北承德	官府藏书	
上书房	清代	北京	官府藏书	
涉园	清代	浙江海盐	私人藏书	张惟赤
圣约翰书院	清代	上海	教会藏书	施约瑟
十二篆师精舍	清代	山东曲阜	私人藏书	桂馥
石研斋	清代	江苏扬州	私人藏书	秦恩复
实录馆	清代	北京	官府藏书	
士礼居	清代	江苏苏州	私人藏书	黄丕烈
寿松堂	清代	浙江杭州	私人藏书	
书钞阁	清代	浙江山阴	私人藏书	周星诒
书巢	清代		私人藏书	胡德琳
书髓楼	清代	天津	私人藏书	徐世昌

名称（按朝代和拼音排序）	建筑年代	地点（按现代行政区划）	类别	始建者
塾南书库	清代	上海青浦	私人藏书	王昶
述古堂	清代	江苏常熟	私人藏书	钱曾
潄六楼	清代	江苏苏州	私人藏书	周锡瓒
思适斋	清代	江苏苏州	私人藏书	顾广圻
四当斋	清代	江苏苏州	私人藏书	章钰
孙氏祠堂	清代	江苏武进	私人藏书	孙星衍
所好轩	清代	江苏南京	私人藏书	袁枚
天春园	清代	天津	私人藏书	任凤苞
铁琴铜剑楼	清代	江苏常熟	私人藏书	瞿绍基 瞿镛
万木草堂	清代	广东广州	书院藏书	康有为
望海楼	清代	江苏常熟	私人藏书	张海鹏
苇萧草堂	清代	河南商丘	私人藏书	宋荦
文汇阁	清代	江苏扬州	官府藏书	
文津阁	清代	河北承德	官府藏书	
文开书院	清代	台湾彰化	书院藏书	
文澜阁	清代	浙江杭州	官府藏书	
文溯阁	清代	辽宁沈阳	官府藏书	

名称 （按朝代和拼音排序）	建筑年代	地点 （按现代行政区划）	类别	始建者
文选楼	清代	江苏仪征	私人藏书	阮元
文渊阁	清代	北京	官府藏书	
文源阁	清代	北京	官府藏书	
文宗阁	清代	江苏镇江	官府藏书	
味萝轩	清代	浙江平湖	私人藏书	钱天树
味腴书室	清代	北京	官府藏书	
五百经幢馆	清代	江苏苏州	私人藏书	叶昌炽
五经萃室	清代	北京	官府藏书	
五柳居	清代	江苏苏州	私人藏书	陶正祥
梧竹居	清代	四川资阳	私人藏书	詹尔庚
武英殿	清代	北京	官府藏书	
悟门书屋	清代	北京	私人藏书	法式善
西涧草堂	清代	浙江海盐	私人藏书	蒋光焴
西七间楼	清代	辽宁沈阳	官府藏书	
西堂藏书楼	清代	北京	教会藏书	
贤良寺	清代	北京	佛教藏书	

名称（按朝代和拼音排序）	建筑年代	地点（按现代行政区划）	类别	始建者
香雪斋	清代	浙江绍兴	私人藏书	童钰
缃素楼	清代	江苏常熟	私人藏书	丁祖荫
翔凤阁	清代	辽宁沈阳	官府藏书	
小重山馆	清代	浙江平湖	私人藏书	胡惠孚
小停云山馆	清代	浙江临海	私人藏书	洪颐煊
啸亭	清代	北京	私人藏书	昭梿
徐家汇天主堂藏书楼	清代	上海	教会藏书	
续书楼	清代	广东东莞	私人藏书	伦明
穴砚斋	清代	北京	私人藏书	明珠
学海堂	清代	广东广州	书院藏书	
亚洲文会北中国支会图书馆	清代	上海	教会藏书	
延古堂	清代	天津	私人藏书	李氏家族
衍芬草堂	清代	浙江海宁	私人藏书	蒋光焴
养心殿	清代	北京	官府藏书	
养一斋	清代	江苏武进	私人藏书	李兆洛

名称（按朝代和拼音排序）	建筑年代	地点（按现代行政区划）	类别	始建者
也是园	清代	江苏常熟	私人藏书	钱曾
一廛一宋	清代	江苏扬州	私人藏书	方尔谦
诒经堂	清代	江苏常熟	私人藏书	张金吾
颐情馆	清代	江西抚州	私人藏书	李宗瀚
颐志堂	清代	上海	私人藏书	王鸣盛
艺风堂	清代	江苏江阴	私人藏书	缪荃孙
艺海楼	清代	江苏苏州	私人藏书	顾沅
艺芸书舍	清代	江苏苏州	私人藏书	汪士钟
因树屋	清代	江苏南京	私人藏书	周亮工
蟫香馆	清代		私人藏书	严修
隐书楼	清代	北京丰台	私人藏书	查礼
隐拙斋	清代	浙江杭州	私人藏书	沈廷芳
英华书院	清代	香港	教会藏书	
影山草堂	清代	贵州独山	私人藏书	莫友芝
甬上证人书院	清代	浙江宁波	书院藏书	黄宗羲
友汉居	清代	浙江萧山	私人藏书	毛奇龄
鱼麦堂	清代	河南商丘	私人藏书	宋荦

名称（按朝代和拼音排序）	建筑年代	地点（按现代行政区划）	类别	始建者
愚斋图书馆	清代	上海	私人藏书	盛宣怀
与古楼	清代	江苏南京	私人藏书	张敦仁
玉玲珑山馆	清代	浙江杭州	私人藏书	龚翔麟
毓庆宫	清代	北京	官府藏书	
泽存楼	清代	浙江嘉兴	私人藏书	计光炘
昭仁殿	清代	北京	官府藏书	
箴言书院	清代	湖南益阳	书院藏书	
振绮堂	清代	浙江杭州	私人藏书	汪宪
知悔斋	清代	浙江杭州	私人藏书	王克敏
知圣倒斋	清代		私人藏书	彭元瑞
知止楼	清代		私人藏书	卢靖
知止斋	清代	北京	私人藏书	翁心存
咫园	清代		私人藏书	宗舜年
竹西书屋	清代	山东益都	私人藏书	李文藻
宝山楼	近代	江苏苏州	私人藏书	潘承厚 潘承弼
大云书库	近代	日本京都	私人藏书	罗振玉

名称（按朝代和拼音排序）	建筑年代	地点（按现代行政区划）	类别	始建者
独步斋	近代	上海	私人藏书	张寿镛
格致书院	近代	上海	书院藏书	
诂林精舍	近代	上海	私人藏书	丁福保
涵芬楼	近代	上海	私人藏书	张元济
嘉业堂	近代	浙江南浔	私人藏书	刘承幹
木斋图书馆	近代	天津	学校藏书	卢靖
慎园	近代		私人藏书	卢弼
适园	近代	浙江南浔	私人藏书	张均衡
双鉴楼	近代	北京	私人藏书	傅增湘
退思斋	近代	天津	私人藏书	陈宝泉
文华公书林	近代	湖北武汉	教会藏书	韦棣华
五十万卷楼	近代	广东广州	私人藏书	莫伯骥
无悔斋	近代	天津	私人藏书	赵元方
喜金石录斋	近代		私人藏书	金大本
研理楼	近代	天津	私人藏书	刘明阳

名称（按朝代和拼音排序）	建筑年代	地点（按现代行政区划）	类别	始建者
因是堂	近代	黑龙江哈尔滨	私人藏书	孙广庭
饮冰室	近代	广东广州	私人藏书	梁启超
泽存书库	近代	江苏南京	私人藏书	陈群
自庄严堪	近代	天津	私人藏书	周叔弢
纫秋山馆	现代		私人藏书	郑振铎
幽芳阁	现代		私人藏书	郑振铎
西谛藏书	现代		私人藏书	郑振铎

图书在版编目（CIP）数据

中国秀. 藏书楼 / 李秀敏, 赵峰著. -- 太原 : 山西教育出版社, 2015.8

（中国秀系列 / 金萍主编）

ISBN 978-7-5440-7490-2

Ⅰ. ①中… Ⅱ. ①李… Ⅲ. ①丛书—中国—现代②藏书楼—介绍—中国 Ⅳ. ①Z121.7②G259.29

中国版本图书馆CIP数据核字(2015)第294687号

藏书楼

李秀敏　赵　峰　著

出 版 人　雷俊林
策 划 人　孙　铁
责任编辑　任小明
特约编辑　时　婧
装帧设计　小海馬·书装 HIPPOCAMPUS

出版发行　山西出版传媒集团 · 山西教育出版社
（太原市水西门街馒头巷7号　邮编　030002）
印　　装　山东临沂新华印刷物流集团有限责任公司
开　　本　787×960　1/32
印　　张　8
字　　数　129千字
版　　次　2015年8月第1版　2015年8月第1次印刷
书　　号　ISBN 978-7-5440-7490-2
定　　价　25.90元

如发现印装质量问题，影响阅读，请与印刷厂联系调换。电话：0539-2925680